LICENCIAMENTO DE MARCAS E PERSONAGENS

MOTIVAÇÕES, IMPLEMENTAÇÃO E AVALIAÇÃO NA PERSPECTIVA DO LICENCIADO

SOFIA MOURA

Economista
Coordenadora do gabinete de licensing e merchandising
Direcção de Marketing e Business Development
SIC – Sociedade Independente de Comunicação S.A.
sofiamoura@sic.pt

LICENCIAMENTO DE MARCAS E PERSONAGENS

MOTIVAÇÕES, IMPLEMENTAÇÃO E AVALIAÇÃO NA PERSPECTIVA DO LICENCIADO

LICENCIAMENTO DE MARCAS E PERSONAGENS
MOTIVAÇÕES, IMPLEMENTAÇÃO E AVALIAÇÃO NA PERSPECTIVA DO LICENCIADO

AUTORA
ANA SOFIA CUNHA E MOURA DE CARVALHO DE SEABRA MOURA

EDITOR
EDIÇÕES ALMEDINA, SA
Rua da Estrela, n.º 6
3000-161 Coimbra
Tel.: 239 851 904
Fax: 239 851 901
www.almedina.net
editora@almedina.net

PRÉ-IMPRESSÃO • IMPRESSÃO • ACABAMENTO
G.C. – GRÁFICA DE COIMBRA, LDA.
Palheira – Assafarge
3001-453 Coimbra
producao@graficadecoimbra.pt

Maio, 2006

DEPÓSITO LEGAL
235458/05

Os dados e as opiniões inseridos na presente publicação
são da exclusiva responsabilidade do(s) seu(s) autor(es).

Toda a reprodução desta obra, por fotocópia ou outro qualquer processo,
sem prévia autorização escrita do Editor,
é ilícita e passível de procedimento judicial contra o infractor.

PREFÁCIO

DA PRIMEIRA VEZ que, a seguir ao Carnaval, levei o meu neto Francisco à escola, ele fez questão que eu visse uma fotografia onde aparecia mascarado de Spider Man. Mais dois colegas haviam escolhido o mesmo disfarce, mas ele chamou-me a atenção para o facto de o dele ter "muitos músculos". E era verdade: o meu neto parecia muito mais forte do que os outros, porque o Spider Man que os pais lhe haviam comprado tinha desenhada uma impressionante musculatura...

Esta pequena história obriga-nos a pensar que vivemos num mundo de licenciamentos e sub-licenciamentos, de extensão das marcas e de merchandising, que condiciona as nossas atitudes, impulsos e rejeições como consumidores, e também determina muitas das nossas decisões de gestão aos mais diversos níveis.

O traje "musculado" de Spider Man do meu neto resulta certamente do licenciamento, para determinados efeitos, da utilização de uma personagem criada primeiro pela banda desenhada, glorificada pelo cinema, prolongada e alimentada pela edição de DVD's, etc., etc..

Nada disto será uma total novidade. Todos "colaborámos", de alguma maneira, no êxito de licenciamentos da já centenária Disney, dos cadernos escolares do Rato Mickey aos bonecos do Pato Donald. Mais recentemente, todos ou quase todos fomos complacentes e agradadas "vítimas" dos licenciamentos das Tartarugas Ninja ou dos Pokemons. Todos ou quase todos usamos águas de colónia, óculos de sol, etc. que resultam de licenciamentos de marcas consagradas noutras áreas.

COM ESTA OBRA, o que Sofia Moura traz de novo não é propriamente a apologia do licenciamento. Pelo contrário, a Autora mantém uma distância fria em relação ao tema e aborda-o numa perspectiva cientificamente adequada, evitando apimentar a exposição com histórias e exemplos concretos de sucessos e insucessos. Este livro é, acima de tudo, uma viagem guiada a uma actividade cada vez mais relevante e complicada da vida actual. O guia, que é competente, consegue explicar-nos um conceito que, para muitos, não é claro e convencer-nos dos aspectos positivos que ele poderá revestir no desenvolvimento e crescimento das empresas, ao mesmo tempo que nos chama a atenção para os principais problemas que licenciadores e licenciados enfrentam.

Nem tudo são rosas efectivamente no mundo do licensing. Um mundo que não se reporta apenas a marcas ou a personagens, mas a desporto, música, eventos, locais, e que tem ligações com áreas como o merchandising, o co-branding, o patrocínio, as relações públicas.

Sofia Moura dá contas dessas dificuldades e apresenta propostas para as enfrentar e resolver tanto no plano empresarial como no jurídico e até no criativo.

Vai mais longe do que isso: através de uma análise exaustiva das respostas a um inquérito feito a 26 empresas licenciadas ou licenciadoras, tira conclusões sobre os motivos de adesão ao licensing, o grau de satisfação, a hierarquização dos principais problemas.

ESTA PRIMEIRA OBRA de Sofia indicia um patamar de maturidade que, embora presumível numa tese de mestrado, a situa em lugar cimeiro. E isto pela organização e sistematização do estudo, pela metodologia utilizada, pela clareza da prosa e pelo valor das ideias expostas.

Ficamos a aguardar, com legítima expectativa, o próximo livro de Sofia Moura.

FRANCISCO PINTO BALSEMÃO

NOTA DO AUTOR

Esta publicação reproduz, com pequenas alterações, a dissertação de mestrado com o título "Licenciamento de Marcas e Personagens: Motivações, Implementação e Avaliação na Perspectiva do Licenciado," apresentada no âmbito do Mestrado em Marketing da Universidade Técnica de Lisboa – Instituto Superior de Economia e Gestão em Janeiro de 2005 e submetida a provas em 28 de Fevereiro de 2005 perante um Juri composto por: Doutor Jorge Julio Landeiro de Vaz (Presidente), Doutor Avelino Miguel da Mota Pina e Cunha (Vogal) e Doutora Maria Margarida de Melo Coelho Duarte (Vogal).

LISTA DE ABREVIATURAS

AMA – *American Marketing Association*

CDADC – Código do Direito de Autor e dos Direitos Conexos

CPI – Código de Propriedade Industrial

INPI – Instituto Nacional de Propriedade Industrial

LIMA – *Licensing and Merchandising Association*

AGRADECIMENTOS

A todos aqueles que me apoiaram nesta caminhada.

À Prof. Doutora Margarida Duarte pelo empenho e dedicação na orientação deste trabalho.

Ao meu marido, por ter tolerado tantas vezes a minha ausência. A força, apoio e carinho que me deu em cada dia que dediquei a este trabalho foram fundamentais.

Aos meus pais e avós, a quem tudo devo, e sem os quais não teria chegado até aqui.

À minha irmã, a toda a minha família e amigos por todo o carinho e estimulo que me têm dado.

A todos aqueles com quem tenho tido o privilégio de trabalhar, e com quem tenho crescido pessoal e profissionalmente.

INTRODUÇÃO

A actividade de licenciamento tem vindo a assumir uma importância crescente como fonte de receita e instrumento de *marketing* para as empresas envolvidas. No entanto, são escassas as referências ao tema encontradas na bibliografia, sobretudo Portuguesa, o que nos levou a dedicar especial atenção a esta temática.

Entende-se por licenciamento a actividade que envolve a relação entre uma empresa, que sendo detentora de determinada propriedade, autoriza a sua utilização por parte de outra(s) empresa(s) mediante o recebimento de determinada contrapartida financeira (Raugust, 1995; Perrier, 1998).

As empresas têm focado cada vez mais a sua atenção no valor das suas marcas, constituindo as marcas associadas a determinados produtos ou serviços os seus principais activos. Em muitas indústrias a concorrência acrescida tem contribuído para realçar o papel da marca – central e facilitador – nas decisões de compra do consumidor (Keller, 1998). Por tudo isto, em muitos negócios a marca é mais importante que os próprios activos tangíveis, tradicionalmente assumidos como o principal valor de uma empresa. O licenciamento de marcas, personagens e patentes, entre outros, tem vindo a assumir um papel de destaque na geração de valor para as marcas (Perrier, 1998).

O tipo de propriedade é um critério relevante para classificar diferentes licenciamentos. Poderemos, assim, ter os tipos de licenciamento seguintes: personagens de televisão, filmes e banda desenhada; desporto; eventos; arte e *design*; comidas e bebidas; licenças não lucrativas; automóveis; personalidades; extensões de marca; música e moda

(Ash, 1993). Para facilitar a exposição que irá ser feita, agruparemos o licenciamento centrado nestes diferentes tipos de propriedades em quatro grandes grupos: (1) licenciamento de personagens fictícias (*character licensing*); (2) licenciamento de marcas – sinais distintivos de empresas, produtos ou serviços (*corporate licensing*); (3) licenciamento de personalidades (*personality licensing*); e (4) licenciamento residual (*residual licensing*) (Carvalho, 2003).[1] A nossa abordagem incidirá sobretudo no *licenciamento de personagens fictícias e marcas*, por serem os principais tipos de licenças negociadas e, como tal, responsáveis pela grande fatia do volume de vendas gerado pela indústria de licenciamento.[2]

A actividade de licenciamento proporciona inúmeras vantagens às diversas partes envolvidas, nomeadamente licenciadores, licenciados, agentes de licenciamento, consultores e advogados (Raugust, 1995). Iremos contudo abordar a perspectiva do licenciado, em particular do *licenciado fabricante*, por ser este quem mais recorre a contratos de licenciamento (de personagens e marcas) para diferenciar produtos ou linhas de produtos. A opção de abordar o licenciamento na perspectiva do licenciado prende-se, ainda, com o facto do licenciamento ser, provavelmente, o instrumento mais poderoso que um licenciado fabricante tem ao alcance para aumentar as vendas do seu produto (Ash, 1993). Contudo, medir o sucesso de um licenciamento apenas pelo volume de vendas gerado é negligenciar outras vantagens competitivas de carácter menos quantitativo que este pode proporcionar e que o transformam numa ferramenta de *marketing* poderosa. Como exemplos, saliente-se o reforço da imagem da empresa licenciada e da(s) sua(s) marca(s), visibilidade, melhor posicionamento, diferenciação, prestígio, abertura de novos canais de distribuição e de novos mercados, preenchimento de nichos de mercado, entre tantas outras vantagens (Marques, 2002). Se pensarmos no exemplo do licenciamento de marcas, a associação da marca do licenciado a uma marca de prestígio, permite tirar partido das

---

[1] Esta classificação é seguida por outros autores, por vezes com algumas diferenças (Gonçalves, 1999b).

[2] Os termos *licenciamento* e *indústria do licenciamento* serão assumidos na nossa abordagem como sinónimos, na medida em que vamos analisar a perspectiva dos licenciados que se dedicam à fabricação (de produtos licenciados).

associações positivas que existem em relação à marca objecto do licenciamento. Em tais circunstâncias os licenciados vêem o licenciamento como um preço baixo a pagar como contrapartida de determinadas associações positivas únicas e uma forma de diferenciação dos seus produtos, evitando os elevados investimentos necessários à criação de uma nova marca (Raugust, 1995).

Posto isto, pretendemos com este trabalho poder contribuir para um melhor conhecimento deste tema e apoiar o processo de tomada de decisão de todos os empresários e quadros de empresas que contactam directa ou indirectamente com a temática do licenciamento na esfera da gestão e do *marketing*.

Esta publicação desenvolve-se em sete grandes capítulos. O Capítulo 1 aborda a evolução histórica do licenciamento com o objectivo de melhor compreendermos a sua importância actual. No Capítulo 2 serão definidos e caracterizados alguns conceitos básicos de licenciamento e abordados alguns aspectos relacionados com as características do negócio de licenciamento e sua protecção legal. Mais especificamente, serão identificados os participantes no negócio e tipos de licenciamento e caracterizados os aspectos legais, contrato de licenciamento e formas de remuneração. No Capítulo 3 abordaremos a gestão do licenciamento como instrumento de *marketing*, quer para o licenciador quer para o licenciado. No Capítulo 4 forneceremos informação estatística da actividade de licenciamento nos principais mercados mundiais. No Capítulo 5 relacionaremos o licenciamento com outras temáticas que lhe estão associadas, como sejam o licenciamento no processo de transferência de conhecimento e o licenciamento como opção estratégica de extensão de marca.

Nos capítulos seguintes será desenvolvido um estudo exploratório com o objectivo de identificar as principais motivações, implementação e avaliação do licenciamento na perspectiva de empresas licenciadas fabricantes a operar em Portugal. Nesse sentido, no Capítulo 6 será descrita a metodologia deste estudo, bem como o processo de recolha de dados. Mais especificamente, será descrito tanto o estudo exploratório preliminar como a elaboração de um questionário estruturado. No Capítulo 7 apresentaremos a análise de dados e, finalmente, no Capítulo 8 serão apresentadas as conclusões, identificados os contributos e referidas as limitações do estudo.

1. EVOLUÇÃO HISTÓRICA DO LICENCIAMENTO

O licenciamento não é um fenómeno recente; os primeiros grandes sucessos deram-se em 1910 com a comercialização de bonecos associados a grandes personalidades, de que é exemplo *Charlie Chaplin*. Neste período surgem todo o tipo de produtos incorporando logótipos e marcas, bem como inúmeros produtos associados a *designers* de moda (Raugust, 1995).[3]

Por volta de 1920 aparecem alguns dos mais populares produtos licenciados, associados ao licenciamento de estrelas de cinema e personagens de banda desenhada. Em 1929 a *Disney* concretizou a sua primeira licença oficial para a comercialização de cadernos escolares do *Mickey Mouse*, tornando-se pioneira como licenciador de personagens resultantes das suas criações associadas a programas de televisão, cinema e parques temáticos.[4] Contudo, ainda se estava longe de imaginar o enorme potencial desta actividade (Raugust, 1995).

---

[3] De referir que nem todos os produtos de *designers* fabricados e comercializados são produtos licenciados; muitos *designers* optam por fabricar e comercializar, eles próprios, directamente os seus produtos, em vez de autorizarem outras empresas a fazê-lo mediante uma determinada remuneração.

[4] Apenas como curiosidade, o ano de 2003 marcou o centésimo aniversário de Walt Disney.

FOTO 1.1 – **Produtos licenciados Disney: Torradeira Mickey e Peluches Clássicos do Pateta e do Mickey**

Fonte: http://disney.store.go.com
© *Disney. All rights reserved.*

O ano de 1930 assume especial importância ao tornarem-se conhecidas, outras personagens de banda desenhada e filmes originando extensos programas de licenciamento. São exemplos deste período *Betty Boop, Popeye, Bugs Bunny, Batman* ou *Shirley Temple.*

O aparecimento da televisão, no início dos anos 50, torna possível que personagens como estas atinjam milhares de lares, tendo constituído um enorme impulso para a indústria do licenciamento. Nos anos 70, o negócio do licenciamento ainda se baseava quase exclusivamente em propriedades desenvolvidas a partir de séries de televisão e cinema, destacando-se pela sua dimensão a *Pantera-Cor-De-Rosa* (com mais de 250 licenciados) e *a Star Wars* que constitui ainda hoje um fenómeno de vendas de produtos licenciados: "As receitas obtidas desde 1977 com a comercialização de produtos licenciados pela *Lucas Film*, empresa detentora da marca *Star Wars*, ascende aos 7 mil milhões de euros, valor quase três vezes maior do que as receitas de bilheteira que os cinco anteriores filmes da Saga tiveram em todo o mundo" (Rasquilha, 2005).

Evolução histórica do licenciamento 19

FOTO 1.2 – **Produtos licenciados *Star Wars*: Máscara Darth Vader e Figuras de Acção do Episódio III**

Fonte: www.hasbroiberia.com
© *2005 Hasbro Ibéria S.L.Todos os direitos reservados.*

Pode dizer-se que foi a partir deste momento que se começou a desenvolver a actividade de licenciamento como hoje a conhecemos. A dimensão que estes programas de licenciamento atingiram fez com que muitos começassem a ver o licenciamento como uma oportunidade de negócio. Nos anos 80 assiste-se à verdadeira explosão das licenças de televisão, que se tornam um negócio extremamente organizado e lucrativo, sendo inúmeros os exemplos a destacar *He-Man, Estrunfes* e, mais recentemente, *Tartarugas Ninja, Power Rangers, Action Man, Noddy, Witch,* entre tantas outras (Raugust, 1995).

FOTO 1.3 – **Produtos licenciados *Witch***

Foto gentilmente cedida por Concentra – Produtos para Crianças, S.A.

FOTO 1.4 – **Figuras de Acção das Tartarugas Ninja**

Foto gentilmente cedida por Concentra – Produtos para Crianças, S.A.

No entanto, hoje associar o licenciamento apenas a personagens de entretenimento é extremamente redutor. Há actualmente oportunidades de licenciamento com enorme relevância associadas aos mais diversos tipos de propriedades, como desporto (marcas de clubes de futebol), eventos e causas (*Rock in Rio* Lisboa e Euro 2004), marcas de empresas, produtos e serviços (*Black and Decker, Harley Davidson*), *publishing* (*Cosmopolitan, Elle*) e tantas outras. Charles M. Riotto (2001, p. 166), presidente da *Licensing and Merchandising Association* (LIMA), argumenta que "o licenciamento estabeleceu-se, e hoje é considerado um instrumento de *marketing* fundamental, bem como uma actividade geradora de importantes receitas para muitas empresas. Os produtos licenciados tornaram-se parte integrante da cultura e do dia-a-dia da vida das pessoas em todo o mundo."

Foto 1.5 – **Produtos licenciados Benfica: Camisola Oficial 05/06, Urso com Cachecol, Pack Festa do SL Benfica**

Fonte: www.slbenfica.pt
© *S.L.Benfica*

Segundo João Barroqueiro, presidente da TBZ (empresa que gere a marca Benfica), existem hoje mais 1700 produtos diferentes e 5000 referências distintas o que é possível devido à existência de cerca de 120 contratos de valor superior a 4 milhões de euros (Meios e Publicidade, 29/10/2004).

Foto 1.6 – **Kinas: Produto licenciado do EURO 2004**

Foto gentilmente cedida por Concentra – Produtos para Crianças, S.A.

Foto 1.7 – **T'Shirt** *Rock in Rio 2004*

Foto gentilmente cedida por Fifanta Têxteis, S.A.

2. LICENCIAMENTO: CONCEITOS BÁSICOS, CARACTERÍSTICAS DO NEGÓCIO E ASPECTOS LEGAIS

2.1. **CONCEITOS BÁSICOS**

Neste ponto procuraremos definir e caracterizar licenciamento, através do recurso a outros conceitos que usualmente lhe aparecem associados tais como *merchandising* e licenciamento interno. Encontramos frequentemente referências a *merchandising* como sinónimo de licenciamento, pelo que dedicamos especial atenção a este conceito.

2.1.1. **Definição e Caracterização de Licenciamento**

Serão aqui referidas algumas definições e examinadas as diferenças entre elas, com a finalidade de nos aproximarmos de uma definição passível de ser adoptada na nossa abordagem.

Licenciamento é o processo de cedência de uma entidade legalmente protegida – designada propriedade – com a finalidade de ser conjugada com um produto ou uma linha de produtos; essa propriedade pode ser um nome, um logótipo, um desenho, uma assinatura, uma personagem ou uma combinação de vários destes elementos (White, 1990). No entanto, o licenciamento pode também aparecer com outros fins, tais como o de promoção, publicidade ou desenvolvimento de um serviço.

Alves e Bandeira (2001) consideram o licenciamento como uma importante decisão estratégica para as empresas que concedem o direito de duplicação ou utilização de uma tecnologia, processo, marca ou patente a outras empresas.

Na perspectiva de Keller (1998) o licenciamento envolve a celebração de contratos através dos quais as empresas podem utilizar nomes, logótipos, personagens ou outras entidades, associadas a outras marcas, para comercializarem as suas próprias marcas, mediante determinada contrapartida financeira. No fundo, uma empresa arrenda outra marca, com o objectivo de aumentar o *capital da sua marca*.[5] A contrapartida financeira, que analisaremos com mais detalhe noutro ponto, pode ser um *royalty*, um *fee* ou um *flat fee*, dependendo em parte do fim a que a cedência da propriedade se destina (fabricação de produtos ou linhas de produtos, publicidade, desenvolvimento de uma promoção ou de um serviço). A definição é bastante completa quanto ao tipo de propriedade que pode ser licenciada, referindo que qualquer entidade pode ser cedida a terceiros mediante uma determinada contrapartida financeira, podendo esta entidade ser uma pessoa, uma marca, um local, um evento, uma causa ou outra.[6]

Uma outra definição refere que existe licenciamento quando o detentor de determinada propriedade autoriza a sua utilização por

---

[5] O conceito de *capital da marca* enfatiza a importância que as marcas assumem nas estratégias de *marketing* das empresas. Refere-se ao facto de que o *marketing* de determinado produto ou serviço, o nome da marca ou de algum dos seus elementos produz resultados diferentes dos que adviriam se o mesmo produto ou serviço não tivesse aquela identificação de marca. O capital da marca deriva do elevado nível de familiaridade com a marca; ocorre quando a marca tem notoriedade junto do consumidor e o consumidor desenvolve associações fortes, favoráveis e únicas relativamente à marca (Keller, 1998).

[6] O *royalty* de licenciamento é tradicionalmente uma percentagem calculada sobre as receitas líquidas das vendas dos produtos licenciados ou sobre o preço de venda a retalho. O *fee* é um montante fixo. O *flat fee* é um determinado valor fixo pago por unidade vendida (Raugust, 1995). Detalharemos melhor estes conceitos no capítulo das formas de remuneração (p. 35).

terceiros, tendo como contrapartida o recebimento de determinada compensação. O proprietário da licença é designado de licenciador e a parte que recebe a licença de licenciado (Perrier, 1998). A *propriedade* pode ser uma marca ou apenas alguns dos seus elementos (logótipo, nome, personagem ou símbolo), uma tecnologia ou patente, uma pessoa, um local, um *design* ou uma coisa. Ou seja, quase tudo pode ser objecto de licenciamento.

Por fim, as definições apresentadas no *Dicionary of Marketing Terms* da *American Marketing Association (AMA)*. (1) George S. Day refere que o licenciamento é uma associação relativamente simples e com baixo risco, que permite ao fabricante entrar em novos mercados (tipicamente mercados externos). Trata-se de um acordo através do qual o licenciado num determinado mercado estrangeiro é autorizado a *utilizar* um determinado processo de fabrico, marca registada, patente ou outra propriedade, mediante o pagamento de um determinado *fee* ou *royalty*. (2) Warren J. Keegan considera o licenciamento um acordo entre duas empresas no qual o licenciador concede ao licenciado o direito de *vender* um produto patenteado num mercado específico, mediante o pagamento de uma determinada remuneração. O licenciamento é apresentado por estes autores como um instrumento que permite a presença do licenciador em mercados externos sem grandes investimentos de capital surgindo como um meio legítimo de capitalização nestes mercados.

As definições aqui apresentadas reflectem diferentes perspectivas e diversas abordagens do licenciamento. Tendo em conta a delimitação ao licenciamento que pretendemos focar – o licenciamento de marcas e personagens para distinguir produtos ou linhas de produtos – restringiremos a definição. Vamos definir licenciamento de marcas e personagens como o direito que uma determinada empresa (licenciador) concede a outra empresa (licenciado) de utilizar uma determinada marca (todos ou apenas alguns dos seus elementos; e.g., personagens), mediante o recebimento de uma contrapartida financeira, geralmente um *royalty* (por estarmos a focar o licenciamento com o objectivo de distinguir produtos ou linhas de produtos).

É frequente, no entanto, encontrar na literatura o termo *merchandising* como sinónimo de licenciamento pelo que julgamos

2.1.2. Conceito de Merchandising

Na literatura encontrámos, mais uma vez, várias definições, algumas com significados totalmente distintos. Por *merchandising* alguns autores designam o conjunto de técnicas, directas ou indirectas, utilizadas com o objectivo de maximizar as vendas de determinado produto; trata-se de um modo de olhar um produto ou conjunto de produtos em função da sua rotatividade no ponto de venda. Ou seja, *merchandising* é o conjunto de técnicas utilizadas separada ou conjuntamente pelos distribuidores e pelos produtores, com vista a aumentar a rentabilidade do local de venda e a facilitar o escoamento de produtos, através de uma adaptação permanente dos aprovisionamentos às necessidades do mercado e da apresentação apropriada de mercadorias. Esta última é a definição adoptada pelo Instituto Português do *Merchandising* (Masson e Wellhof, 1985).

Podem-se distinguir duas categorias de *merchandising*: (1) uma que visa favorecer a compra através de determinado ambiente e exposição e, outra, (2) mais centrada na rentabilidade do espaço da loja. O *merchandising*, como impulsionador da compra, assume especial relevo quando pensamos nos actuais métodos de venda em livre serviço, não assistidos por vendedores, onde são os próprios produtos que através da sua disposição no estabelecimento devem suscitar o desejo de compra por parte do consumidor.

Para a AMA, *merchandising* refere-se a actividades promocionais dos fabricantes no ponto de venda (nomeadamente através de *displays*) ou a decisões dos retalhistas no que se refere a produtos e linhas de produtos.

Numa perspectiva distinta de todas as definições anteriores, encontramos referências ao termo *merchandising como sinónimo de licenciamento* destinado a produtos ou linhas de produtos a serem vendidos no retalho (Raugust, 1995; Keller, 1998). Contudo, Masson e Whellhoff (1985) argumentam contra esta perspectiva ao defender que a palavra *merchandising* tem um significado completamente distinto e não deve ser confundida com licenciamento. Assim, segundo estes autores, o uso do termo *merchandising* para referir outras técnicas (como sejam a comercialização de produtos associados a uma marca, um nome, um personagem, uma ideia ou moda – licenciamento) é um uso anómalo; a força dos elementos licenciados de uma marca permitem uma identificação promocional imediata do produto no ponto de venda (constituindo uma forma de publicidade no ponto de venda), mas apesar de serem instrumentos preciosos têm as suas especificidades, métodos e regras próprias, que não podem ser confundidos com o "verdadeiro" *merchandising*.

Também de acordo com Luis Rasquilha (2005), professor universitário, "o mercado convencionou chamar erradamente *merchandising* às linhas de produtos que se associam a eventos e filmes; a essa técnica de comunicação deve chamar-se licenciamento, que consiste na utilização do filme para as marcas venderem produtos seus como camisolas, jogos, bonecos, entre outros. O *merchandising* é antes uma técnica de comunicação no ponto de venda".

Para terminar, uma breve referência ao significado jurídico do termo. Em tal enquadramento, *merchandising* significa autorização conferida pelo titular de uma propriedade (e.g., uma marca) que adquiriu valor (notoriedade e/ou prestígio) pela utilização numa determinada actividade, a outra pessoa para que esta o use numa actividade diferente – para distinguir os seus produtos ou serviços (ou para integrá-los nestes produtos ou serviços), sempre com o objectivo de promover a sua venda (Gonçalves, 1999b). Neste caso aparece novamente o termo *merchandising* como sinónimo do que muitos autores designam por licenciamento.

2.1.3. **Conceito de Licenciamento Interno**

A crescente importância do licenciamento de marcas a terceiros, levou a que as empresas sentissem necessidade de começar a considerar o licenciamento interno. O licenciamento interno é uma forma de cedência de propriedade, na qual o licenciado é uma empresa subsidiária ou associada do licenciador. Toda a marca registada tem um proprietário, devendo o uso da marca ocorrer apenas mediante expressa autorização deste e, mesmo ao nível de um determinado grupo de empresas, nem sempre o utilizador é o proprietário.

Uma abordagem específica ao licenciamento interno é a centralização de marcas registadas, ou seja, toda a marca registada que não seja criada pela empresa-mãe é sempre transferida das empresas do grupo que a criaram ou adquiriram para a empresa-mãe (ou para uma representante legal que reporta à empresa-mãe). Nestes casos, a entidade centralizadora licencia às subsidiárias (de volta se for o caso), concedendo-lhes o direito de utilizar a marca e recebe como contrapartida uma determinada remuneração (também válido para direitos de autor e patentes) (Perrier, 1998).

O licenciamento interno e, em particular, o licenciamento interno centralizado, contribuem para a melhor gestão das marcas. Primeiro, porque garante que o desenvolvimento das marcas seja controlado centralmente, salvaguardando os interesses do grupo como um todo e não apenas de uma determinada subsidiária. Em segundo lugar, potencia uma gestão mais eficaz do licenciamento internacional e maior coerência, independentemente das especificidades de cada país. O licenciamento interno traduz também uma maior preocupação com a manutenção do capital da marca, tornando as marcas mais facilmente licenciáveis a outras empresas e a outras subsidiárias. Assim, as empresas tomam consciência de que as marcas são um recurso partilhado que necessita de ser protegido e explorado. Apesar de todas estas considerações, o aspecto mais importante tornado possível pelo licenciamento interno é permitir quantificar o valor das marcas, tornando a manutenção e o incremento desse valor parte integrante da estratégia das empresas (Perrier, 1998).

2.2. CARACTERÍSTICAS DO NEGÓCIO

De seguida serão identificados e caracterizados os principais participantes em operações de licenciamento e definidos os principais tipos de licenciamento (personagens de entretenimento, personalidades e marcas).

2.2.1. Participantes no Negócio

Os principais participantes no negócio do licenciamento são licenciadores, licenciados, agentes de licenciamento, consultores de licenciamento e advogados (Raugust, 1995). O negócio do licenciamento tem como base um contrato celebrado entre duas partes: o licenciador ou o agente, por um lado, e o licenciado, por outro.

O licenciador é o detentor da propriedade objecto do contrato de licenciamento e pode ser uma empresa, uma pessoa singular, uma associação ou outra. O licenciado é a parte que contrata os direitos de utilização da licença para integrar os seus produtos ou linhas de produtos, efectuar promoções ou publicidade, ou desenvolver serviços. O licenciado é geralmente um fabricante, apesar de ser cada vez mais usual aparecerem como licenciados retalhistas, distribuidores e outras empresas de serviços. Neste estudo iremos abordar sobretudo o caso dos licenciados fabricantes, dado serem os fabricantes que geralmente recorrem ao licenciamento de personagens e marcas com a finalidade de distinguir produtos ou linhas de produtos.

O agente é geralmente contratado pelos licenciadores para gerir os seus programas de licenciamento, sobretudo no caso do detentor da propriedade ter pouco conhecimento do negócio. O agente pode proporcionar ao licenciado experiência e contactos (Raugust, 1995). O recurso a um agente é bastante comum no caso de licenciadores que pretendem licenciar as suas propriedades internacionalmente e não têm escritório nos países de destino (Ash, 1993). Os agentes podem representar o licenciador em todas ou apenas em algumas fases do programa de licenciamento, como, por exemplo, na selecção dos melhores licenciados e das categorias de produtos mais adequadas, no processo de aprovação ou no controlo das vendas. Os contratos de agenciamento são feitos tipicamente por um período inicial de 3 a 5 anos e podem incluir um ou vários territórios (Ash, 1993). O agente recebe como contrapartida uma percentagem da receita total de licenciamento, geralmente entre 35% a 40% da receita total, apesar de poder assumir percentagens de 15% a 55% (Raugust, 1995). Estas percentagens dependem do tipo de licenças e da dimensão do serviço prestado pelos agentes.

Por outro lado, por vezes os licenciados recorrem aos serviços de consultores como forma de apoio na selecção das melhores propriedades, especialmente quando não têm equipas internas com capacidade de se concentrarem na negociação e gestão de licenças (Raugust, 1995). A forma de remuneração destes consultores pode assumir um valor fixo ou uma comissão que pode ir, por regra, de 1% a 2% das vendas líquidas do licenciamento.

Qualquer das alternativas – recurso a agentes ou consultores – é geralmente mais cara do que a criação de uma estrutura interna, sobretudo considerando estarmos na presença de licenças de sucesso e portanto geradoras de avultadas receitas (Raugust, 1995). No entanto, a tendência actual de muitas empresas é focarem a sua actividade na exploração do seu *core business* (negócio principal), o que as leva a recorrer a soluções externas para o desenvolvimento de actividades acessórias, como é o caso do licenciamento.

2.2.2. **Tipos de Licenciamento**

O licenciamento pode ter origem em diferentes tipos de propriedades, como marcas e personagens de televisão e filmes, personalidades (reais), desporto, eventos, arte e *design*, comidas e bebidas, licenças não lucrativas, automóveis, música, moda, estilos de vida ou banda desenhada (Ash, 1993; Krinner, 2001). Não iremos detalhar todos estes tipos de licenciamento, mas apenas os que julgámos mais relevantes no âmbito do presente estudo: personagens e marcas. Dedicaremos, ainda, atenção às personalidades para que fique clara a sua distinção face a personagens.

2.2.2.1. *Licenciamento de Personagens de Entretenimento (Televisão e Cinema)*

Comecemos pelo licenciamento baseado em entretenimento. Atendendo aos elevados investimentos que a produção de programas para televisão envolve, muitos produtores recorrem à actividade de licenciamento como fonte de financiamento (Ash, 1993; Raugust, 1996). Neste contexto, não é de estranhar que as próprias televisões tenham consciência da importância do licenciamento como fonte de receita e como ferramenta de *marketing* e, como tal, já tenham entrado neste negócio. Se pensarmos que são as televisões, através da visibilidade que dão aos programas – de produção própria ou não – que exibem e que dão vida às personagens fictícias, marcas de entretenimento ou personalidades, facilmente se compreende a legitimidade e interesse económico em serem parte activa deste negócio. O mesmo se verifica com as produções cinematográficas, de que são exemplo a Guerra das Estrelas, Senhor dos Anéis, *Toy Story*, *Harry Potter*, Rei Leão, Os Incríveis ou Madagascar.

Foto 1.8 – **Sr. Incrível**

Fonte: www.hasbroiberia.com
© 2005 Hasbro Ibéria S.L.
Todos os direitos reservados.

É fundamental distinguir as licenças de entretenimento de curto prazo e as de médio e longo prazo, dado que os riscos são maiores no primeiro caso. Este tipo de licenciamento, que está geralmente associado a programas de televisão e filmes, visa sobretudo gerar vendas de curto prazo. Por sua vez, o licenciamento de médio e longo prazo, que ocorre essencialmente ao nível das marcas de empresas, produtos e serviços, é considerado uma estratégia de extensão de marca com efeitos de *marketing* por vezes mais importantes do que a rentabilidade do próprio negócio (Raugust 1995, 1996). Encontramos, no entanto, vários exemplos de licenciamento de personagens com carácter duradouro como é o caso dos clássicos de banda desenhada e de muitos filmes de cinema (e.g. Guerra das Estrelas, *Harry Potter, Shrek*).

Uma vez que ao longo deste trabalho estamos a focar o licenciamento de personagens, parece-nos importante que fique clara a diferença entre licenciamento de personalidades e licenciamento de personagens, como veremos de seguida.

2.2.2.2. *Licenciamento de Personalidades*

A principal diferença entre o licenciamento de *personalidades* e o licenciamento de *personagens* é que o licenciamento de personalidades se refere a pessoas "reais" e, consequentemente, a sua notoriedade e sucesso como propriedade depende do seu talento, popularidade, comportamento, carreira, entre outros factores difíceis de controlar ao longo do tempo e que dependem da actuação a cada momento da personalidade em causa. Muitas podem ser as personalidades licenciáveis: as do desporto, televisão, entretenimento, música, *designers* e figuras públicas em geral (Ash, 1993; Raugust, 1995). Apesar de se fazerem cada vez mais licenciamentos de personalidades, através dos quais as personalidades integram o próprio produto, o *endorsement* ainda é uma área à qual muitas empresas recorrem para associar as suas marcas a personalidades. É importante a avaliação cuidada do licenciamento de personalidades, pois o processo de transferência de associações da personalidade para a marca é inevitável e tem riscos muitas vezes não controláveis pelas partes envolvidas.[7]

---

[7] Através de um acordo de *endorsement*, a personalidade "utiliza" um produto ou serviço ou autoriza o seu nome a estar associado a determinado produto ou serviço (e.g., ao nível da publicidade), não integrando o próprio produto.

Foto 1.10 – *Endorsement*: **Fernanda Serrano – Campanha ao Crédito Habitação BPI**

2.2.2.3. *Licenciamento de Marcas*

Os consumidores deparam-se diariamente com uma oferta muito variada de produtos licenciados baseados em marcas (de empresas, produtos ou serviços), o que revela que este tipo de licenciamento tem vindo a assumir um peso crescente (por vezes superior ao próprio licenciamento de personagens – ver ponto 4).

Foto 1.11 – **Barbie** *Harley Davinson* **(edição limitada lançada pela Mattel)**

Fonte: http://www.beanstalk.com
© *The Beanstalk Group.*

Este tipo de licenciamento permite à empresa proprietária, além de lucros adicionais à actividade principal, aumentar o capital da marca (notoriedade e imagem). Por estes motivos, colocam-se algumas questões que geralmente não surgem ao nivel de outro tipo de licenciamento, como sejam: Qual o negócio principal da empresa? Deverá esta optar por uma estratégia de extensão de marca e dedicar-se à comercialização de produtos ou serviços periféricos que nada têm a ver com o negócio principal? Deverá ser ela a investir na produção e comercialização destes produtos ou deverá minimizar os riscos financeiros de investimento e licenciar a terceiros? Estas questões decorrem do facto do licenciamento de marcas se revelar mais complexo do que os restantes, na medida em que requer uma selecção cuidada das oportunidades e da melhor opção estratégica. Isto, por sua vez, depende de um conjunto de factores, como sejam a imagem e notoriedade da marca, comportamento passado, audiência a que se dirige, percepção e posicionamento e valores centrais da marca (Labrose, 1993).

Nem todas as marcas devem ser objecto de programas de licenciamento (por si só uma forma de extensão de marca). Por exemplo, Lee (1995) defende que só se deve optar por um extensão de marca, em vez da introdução de uma nova marca, se acreditarmos que o consumidor vai ter uma imagem positiva e atitudes favoráveis. Ao contrário do que acontece geralmente com o licenciamento de personagens (*character licensing*) de curto prazo, no licenciamento de marcas é necessária uma estratégia de médio e longo prazo para implementar o programa de licenciamento. Para que o consumidor percepcione este tipo de licenciamento como extensão de marca, tem de haver uma relação próxima entre os produtos licenciados e a marca e produtos originais (Labrose, 1993). São muitos os estudos desenvolvidos por diversos autores sobre extensões de marca, um importante instrumento a ter em conta nas tomadas de decisão relativas ao licenciamento de marcas. Será dedicado um capítulo a este tema.

2.3. ASPECTOS LEGAIS, CONTRATO DE LICENCIAMENTO E FORMAS DE REMUNERAÇÃO

2.3.1. Algumas Generalidades sobre Aspectos Legais do Licenciamento

Há muito que o licenciamento de patentes e tecnologias é tratado com rigor e em claro contraste com o relevo atribuído ao licenciamento de marcas. Contudo, a importância crescente dada aos activos intangíveis da empresa e, em particular, às marcas, tem acentuado o papel do licenciamento na alavancagem da marca. Torna-se fundamental garantir o uso adequado das marcas e a sua gestão, quer em termos legais, quer de *marketing* (Perrier, 1998).

O licenciador deve, assim, preocupar-se em proteger a sua propriedade através de direitos de propriedade industrial, garantindo deste modo a protecção legal de todos os aspectos e especificidades da sua propriedade (Revoyr, 1995).[8] Aliás, para ser licenciável, uma propriedade deve ser susceptível de protecção, sendo esta protecção legal que lhe confere valor intrínseco (Chitham-Mosley, Harris, Murphy e Roth-Biester 1993; Raugust, 1995). O nome de uma marca pode ser protegido através de registo (marca registada); o processo de fabrico através de patentes; e as embalagens através de *design* e *copyrights*. Estes direitos dão garantias à empresa detentora da marca permitindo-lhe investir com segurança na exploração deste activo (Keller, 1998).

A legislação portuguesa reconhece a importância do sistema de propriedade industrial. Parece-nos útil abordar, ainda que de forma sucinta, se a nossa legislação garante a admissibilidade jurídica do licenciamento como actividade. A propriedade industrial abrange um conjunto de direitos que visa assegurar a uma pessoa singular ou

---

[8] O ordenamento jurídico português qualifica de propriedade industrial o que a doutrina americana e anglo-saxónica designa de *intellectual property* (que abrange todos os direitos legais de protecção de propriedades designadamente *trade marks* e *copyrights)* (Chitham-Mosley, Harris, Murphy e Roth-Biester, 1993).

colectiva o pleno exercício dos seus meios industriais e comerciais, impedindo a ocorrência de violações por terceiros. A propriedade industrial inclui direitos no domínio da invenção técnica e do *design* (invenções – patentes e modelos de utilidade, topografias ou modelos semi-condutores e desenhos ou modelos) e dos sinais distintivos do comércio (marcas de produtos e serviços, nome e insígnia do estabelecimento, denominação de origem e logótipos registados).[9]

Neste trabalho serão abordados os sinais distintivos, em particular as marcas registadas de produtos. Uma vez que também damos ênfase ao licenciamento de personagens, iremos ver como a legislação Portuguesa e, em particular, o Código de Propriedade Industrial (CPI) e o Código do Direito de Autor e dos Direitos Conexos (CDADC) enquadra esta matéria.

Comecemos pelo licenciamento de personagens. O direito de autor pertence ao criador intelectual da personagem de fantasia (criação artística ou literária), autonomamente, desde que a criação seja original e tenha sido por qualquer forma exteriorizada (art. 11°, CDADC).[10] Este direito é reconhecido, independentemente de registo ou outra formalidade (art. 12°, CDADC). O autor pode dispor da sua obra, nomeadamente divulgá-la, publicá-la ou explorá-la economicamente, por qualquer forma, directa ou indirectamente. (art. 67°, n.° 1, CDADC). O autor pode explorar directamente a personagem ou autorizar a sua utilização por terceiros (licenciamento), não podendo um terceiro fazer qualquer uso da personagem sem prévia autorização do autor.

---

[9] "Conjunto de sinais susceptíveis de representação gráfica, nomeadamente as palavras, incluindo os nomes de pessoas, desenhos, letras, números, sons, a forma do produto ou da respectiva embalagem, desde que sejam adequados a distinguir os produtos ou serviços de uma empresa de outras empresas" (art.° 222, n.° 1, CPI).

[10] São obras originais, protegidas pelo CDADC, as criações intelectuais de domínio literário, científico e artístico, quaisquer que sejam o género, (...), compreendem nomeadamente: (...); f) Obras cinematográficas, televisivas, fotográficas, videográficas e radiofónicas; g) Obras de desenho (...) (art.° 2, CDADC).

Licenciamento: conceitos básicos, características do negócio e aspectos legais 37

Relativamente à tutela conferida ao abrigo do direito de marcas, em concreto do CPI, a marca é o sinal distintivo que visa diferenciar produtos e serviços de uma empresa dos de outras empresas.[11,12] O CPI faz depender do registo a titularidade de direitos sobre a marca (ao contrário do que acontece com o direito de autor) (art. 224º CPI, n.º 1). Conforme o disposto nos artigos 2º e 225º do CPI, "o direito ao registo da marca cabe a quem nisso tiver legítimo interesse, designadamente industriais, comerciantes, agricultores, criadores ou artífices e presta-dores de serviços". Assim, esse registo deve ser feito por quem exerça ou pelo menos manifeste intenção de vir a exercer uma actividade económica nessa área, sendo exigida uma declaração de intenção de uso (art. 256º, CPI) de cinco em cinco anos a contar da data de registo. O registo caduca se a marca não tiver sido objecto de uso sério ou, pelo menos, manifestada intenção de uso. O registo atribui direitos ao seu titular pelo prazo de 10 anos, podendo ser indefinidamente renovado por iguais períodos (art. 255º, CPI).

Esta abordagem visa a compreensão da admissibilidade jurídica do licenciamento como actividade e como tal não estamos tão preo-cupados em perceber na íntegra quais os direitos conferidos pelo registo ao seu titular, mas antes em tentar compreender se esses direitos garantem a protecção jurídica da prática do licenciamento por parte da entidade que regista a marca. Neste contexto, o licenciamento só faz sentido se a propriedade – neste caso a marca – for reconhecida publi-camente e se tiver adquirido notoriedade e valor no âmbito da acti-vidade primária em que é usada pelo seu titular.

Mais do que isso, temos de estar na presença de uma *marca célebre*, caracterizada pelo cumprimento de dois requisitos fundamen-tais: *excepcional* notoriedade e *excepcional* atracção ou satisfação

---

[11] O sinal ou conjunto de sinais têm de ser susceptíveis de representação gráfica e capacidade distintiva (art.º 222, CPI).

[12] Na legislação anterior o sinal distintivo não visava distinguir os produtos e serviços de uma empresa dos de outras empresas, mas distinguir a denominação de origem desses produtos e serviços. Para fazer face à evolução do papel da marca (designadamente transmissão e licenciamento), foi necessária esta redefinição (Gonçalves, 1999a).

junto do consumidor (Gonçalves, 1999b).[13] Só assim o licenciado estará disposto a pagar uma contrapartida financeira para poder usar essa marca como elemento distintivo dos seus produtos ou serviços.

Comecemos por colocar, assim, uma questão fundamental: quais os direitos conferidos pelo registo da marca ao seu titular? A unicidade do registo impede o registo da mesma marca para o mesmo produto ou serviço, ou para produtos e serviços idênticos ou afins (art. 235º e 245º, CPI). O art. 258º do CPI estipula que "o registo da marca confere ao seu titular o direito de impedir terceiros, sem o seu consentimento, de usar, no exercício de actividades económicas, qualquer sinal igual ou semelhante em produtos ou serviços idênticos ou afins daqueles para os quais a marca foi registada e que, em consequência da semelhança entre os sinais e da afinidade dos produtos ou serviços, possa causar um risco de confusão, ou associação, no espírito de consumidor." Mas nada é referido neste artigo para o caso de produtos e serviços diferentes daqueles para os quais a marca foi registada. No fundo, o que importa para a prática do licenciamento, é salvaguardar que terceiros que pretendam usar ou registar um sinal idêntico ao de uma marca de prestígio, para produtos e serviços diferentes, necessitem de obter consentimento do titular do registo. Nesta perspectiva, parece-nos útil analisar a possibilidade de registo da marca no caso de produtos e serviços não semelhantes. O art. 242º do CPI estabelece que: "(...) o pedido de registo será igualmente recusado se a marca, ainda que destinada a produtos ou serviços sem identidade ou afinidade, constituir tradução ou for igual ou semelhante a uma marca anterior que goze de prestígio em Portugal, e sempre que o uso da marca posterior procure tirar partido indevido do carácter distintivo ou do prestígio da marca, ou

---

[13] Uma marca célebre é uma marca de prestígio. Uma marca de prestígio é uma marca muito conhecida do público em geral, que exige uma maior notoriedade ou conhecimento do que a marca notória, pelo que é requerido um maior e mais exigente grau de notoriedade. A marca de prestígio/célebre deve ainda contar com um elevado grau de satisfação junto do consumidor (Carvalho, 2003). De referir que também faz sentido como negócio falar de licenciamento de marcas notórias (art. 241º, CPI). No entanto, o CPI não lhes confere a protecção legal que é conferida às marcas de prestígio, não estando portanto garantida a protecção jurídica do licenciamento das marcas notórias como acontece com as marcas célebres.

Licenciamento: conceitos básicos, características do negócio e aspectos legais   39

possa prejudicá-la." Ao longo do tempo vários argumentos foram sendo apresentados para defender a necessidade de proteger o registo de uma marca de prestígio em relação a produtos e serviços, mesmo no caso de estarmos na presença de sectores muito diversos com titulares distintos, para evitar o risco de confusão, o aproveitamento da reputação de marca célebre, a diluição do capital da marca, a sua vulgarização ou até a banalização.

Todavia, à prática do licenciamento não importa abordar apenas o registo mas o uso da marca por terceiros; é fundamental averiguar se a legislação protege uma outra questão imprescindível à prática do licenciamento: será que alguém para utilizar a marca de prestígio com valor adquirido no âmbito da sua actividade primária, numa actividade diferente, carece de autorização por parte do seu titular? Estamos a referir-nos ao direito de proibir não o registo, mas o uso de marca em produtos e serviços diferentes. Efectivamente, essa é a finalidade do licenciamento de marcas – a autorização concedida pelo titular da marca a um terceiro para que este a use na promoção de bens ou serviços relativos a uma actividade diferente da que é desenvolvida pelo titular da marca. Só se recorrerá ao licenciamento caso o terceiro (licenciado) tiver de obter o consentimento do titular da marca (licenciador) para a poder utilizar para diferenciar os seus produto ou serviços.

Esta protecção foi recentemente reconhecida no novo CPI aprovado pelo Decreto-Lei n.º 36/2003 de 5 de Março, apesar de anteriores tentativas de conferir à marca esta tutela legal fora do direito nacional de marcas. O art. 323º, alínea e) do CPI considera contrafacção, imitação ou uso ilegal da marca, punido com pena de prisão ou pena de multa, a quem sem consentimento do titular, usar, ainda que em produtos ou serviços sem identidade ou afinidade, marcas que constituam tradução ou sejam iguais ou semelhantes a marcas anteriores cujo registo tenha sido requerido e que gozem de prestígio em Portugal, (...), sempre que o uso da marca posterior procure, sem justo motivo, tirar partido indevido do carácter distintivo ou do prestígio das anteriores ou possa prejudicá-las".

Daqui se conclui que um terceiro que pretenda usar uma marca de prestígio nos seus produtos ou serviços terá de celebrar com o titular da marca registada um *contrato de licença de marca*, referido no CPI nos artigos 264º e 32º.

2.3.2. Contrato de Licenciamento e Formas de Remuneração

À luz deste breve enquadramento legal, vejamos qual a importância do contrato de licenciamento. O art. 31º do CPI regula a *transmissão* e a *licença*.[14] Mais especificamente, o art. 32º do CPI, que regula as licenças contratuais, estipula que os direitos de marcas podem ser objecto de *licença de exploração*, total ou parcial, a título gratuito ou oneroso.[15]

O contrato de licenciamento (contrato de licença de marca) foi definido anteriormente como o acordo pelo qual o titular de uma propriedade, mediante contrapartida financeira, autoriza outra pessoa a utilizar aquele sinal (e.g., marca) para distinguir os seus produtos ou serviços.[16] Segundo o art. 32º, n.º 3 do CPI, o contrato de licença está sujeito a forma escrita, sendo as referências às licenças de marca retomadas no art. 264º, que estipula que "o titular do registo de marca pode invocar os direitos conferidos pelo registo contra o licenciado que infrinja qualquer cláusula, ou disposição, do contrato de licença, em especial no que respeita a prazo de validade, identidade da marca, natureza dos produtos e serviços para os quais foi conferida a licença, à delimitação da zona ou território, ou à qualidade dos produtos fabricados ou dos serviços prestados pelos licenciados".

---

[14] A diferença entre *transmissão* e *licença* é que na transmissão de marca há uma cedência de titularidade, ou seja, o titular da marca transmite definitivamente a titularidade da marca a um cessionário, enquanto no caso da licença não se transmite a titularidade, mas apenas o poder de utilização, podendo através do contrato de licenciamento o licenciado apenas utilizar a marca nos seus produtos ou serviços.

[15] Este artigo refere-se, para além da marca, a patentes, modelos de utilidade e modelos e desenhos industriais. No entanto, para o âmbito deste trabalho, é a marca que interessa e que iremos referir.

[16] Se quisermos ser rigorosos em termos jurídicos, e se recordarmos a definição jurídica de *merchandising*, podemos afirmar que um contrato de licenciamento é diferente do contrato de *merchandising* na medida em que o primeiro juridicamente se pode aplicar a qualquer marca ainda que ordinária, enquanto o segundo pela definição de *merchandising*, se aplica a marcas de prestígio. No entanto, o regime jurídico aplicado ao contrato de *merchandising* enquanto contrato celebrado para marcas de prestígio, não obstante apresentar especificidades, desembocará sempre no regime previsto para o contrato de licença de marca (integração do *merchandising* nos contratos de licença de marca) (Carvalho, 2003).

No entanto, o regime jurídico previsto para o contrato de licença de marca no CPI resume-se a poucos pontos. Assim, interessa analisar com maior detalhe as especificidades em termos de conteúdo deste contrato para uma clara definição dos direitos e obrigações dos intervenientes: licenciador ou agente e licenciado.

Os termos e condições do contrato de licenciamento incluem tipicamente a descrição da propriedade que está ser licenciada e condições de utilização; os produtos ou serviços onde a propriedade será utilizada; a quantidade mínima a ser fabricada; a data limite de fabricação e venda; o preço a praticar pelo licenciado; o território; os canais de distribuição; o preço da concessão da licença e a forma e condições de pagamento; as condições de aprovação de materiais incluindo os destinados a fins promocionais e publicitários; o investimento previsto em publicidade; as auditorias; a duração do contrato; as condições de exclusividade; entre outros que as partes julguem relevantes (Raugust, 1995). No que se refere à exclusividade, o art. 32º, n.º 5 e 6 do CPI refere que a licença se presume não exclusiva e caso nada seja estipulado em contrário, o titular do direito não tem de renunciar à faculdade de conceder outras licenças para os direitos objecto da licença. O art. 32º, n.º 8 e 9 do CPI, refere que salvo estipulação em contrário o licenciado não pode alienar o direito que lhe foi concedido, nem conceder sub-licenças, sem autorização prévia do titular do direito.

É fundamental que o licenciador assegure, através de contrato, que o licenciado contribui para o reforço da propriedade ao longo do tempo, pelo que são normalmente fixadas condições de utilização estritas que incluem controlo de qualidade a nível da produção e *marketing,* relatórios de *performance*, colaboração entre licenciador e licenciados e termo da licença (Perrier, 1998).

Em resumo, se por um lado o licenciamento é um instrumento extremamente eficaz para aumentar a notoriedade da empresa e da sua marca e, consequentemente, o capital da marca, por outro lado a qualidade de qualquer produto que exiba a marca da empresa torna-se um reflexo da própria empresa, podendo um produto de qualidade inferior trazer à empresa efeitos negativos. Daí que a decisão de celebrar um contrato de licenciamento deva ser criteriosamente ponderada pelo titular da marca de forma a minimizar os riscos associados. Esta gestão do licenciamento leva-nos a analisar com detalhe as obrigações do licenciador e do licenciado.

2.3.2.1. *Obrigações do Licenciador*

A principal obrigação do licenciador é o controlo de qualidade de produtos ou serviços licenciados, não apenas por ser uma forma de defesa em relação ao uso que o licenciado possa fazer da sua proprie-dade, mas também de defesa do próprio consumidor tendo em conta a importância da marca como indicação de proveniência ou origem da empresa e seus produtos (função de garantia de qualidade). O licencia-dor tem igualmente a obrigação de proceder ao pedido de renovação do registo, quando devido; de pagar taxas de registo; de poder intentar acções judiciais contra quem violar os direitos conferidos pelo registo da marca e, neste sentido, assegurar a conservação do valor da marca.

2.3.2.2. *Obrigações do Licenciado*

Por sua vez, a principal obrigação do licenciado consiste no paga-mento de uma determinada contrapartida financeira, que lhe permite explorar a licença de acordo com os termos contratualmente acordados pelas partes, em relação aos produtos e serviços autorizados, no respec-tivo território e pelo prazo da licença. O licenciado tem ainda o dever de investir na comunicação e publicidade dos produtos licenciados se assim estiver contratualmente estipulado, bem como sujeitar-se a auditorias se o licenciador o entender.

2.3.2.3. *Remuneração do Licenciamento*

O contrato de licença pressupõe uma contrapartida financeira a pagar pelo licenciado pela cedência da licença. Essa contrapartida financeira é designada de *royalty*. Segundo definição da OCDE (2002) entende-se por *royalties* retribuições de qualquer natureza pagas pelo uso ou pela concessão do uso de um direito de autor sobre uma obra literária, artística ou científica, incluindo os filmes cinematográficos, de uma patente, de uma marca de fabrico ou de comércio, de um desenho ou de um modelo, de um plano, de uma fórmula ou de um processo secretos, e por informações respeitantes a uma experiência adquirida no sector industrial, comercial ou científica.[17] Ou seja, entende-se por *royalty* toda a retribuição paga pelo licenciado pelo uso de determinado direito de autor, direito de propriedade industrial ou *know-how*.

Tipicamente, no caso do licenciamento de marcas e personagens para distinguir produtos, o licenciador recebe um *royalty* que consiste numa percentagem do preço de venda a retalho praticado pelo licenciado ou numa percentagem das receitas líquidas de venda por este auferidas. O valor de mercado deste tipo de *royalty* oscila, geralmente, entre os 5% e os 14% (Raugust, 1995). Trata-se de uma questão que goza de alguma subjectividade, dependendo este valor de um conjunto de factores, designadamente o valor atribuído à licença e o volume de negócios que se prevê gerar com recurso à licença; a taxa de licenciamento ronda, em média, os 8.3% (Quadro 2.1). Bashford (2003b) refere que apesar desta oscilação na percentagem de *royalty*, a sua média ronda os 10%.

---

[17] Esta definição reforça o facto de que qualquer retribuição, de qualquer natureza, paga pelo uso ou pela concessão de uso de uma propriedade, é um *royalty*. E portanto um *fee*, um *flat fee*, uma percentagem do lucro bruto, uma contribuição extra para investimento em publicidade, ou outra, são *royalties*. No entanto, o nosso estudo aborda o licenciamento de marcas e personagens para fabricar produtos ou linhas de produtos, e quase sempre o licenciador deste tipo de propriedades recebe um *royalty* que incide sobre o preço de venda a retalho dos produtos licenciados ou sobre o lucro líquido do licenciado. Daí que na literatura apareça frequentemente designado *royalty* como a *percentagem* paga pelo licenciado pelo uso da propriedade (em função do preço de venda a retalho ou da receita líquida da venda dos produtos licenciados), utilizando-se outros termos como *fee ou flat fee* para designar outro tipo de retribuições diferentes desta. Ainda assim todas estas formas de remuneração, em rigor e de acordo com a legislação, são *royalties*.

Quadro 2.1

Royalties de licenciamento, por categoria de produto licenciado

(%)

Categoria de produtos	Royalty médio	Intervalo de variação
Material desportivo	8,6	5-14
Gifts/novelties	8,5	5-15
Publishing	8,2	3-10
Jogos e brinquedos	8,2	6,5-12
Papelaria e produtos de papel	7,9	3-12
Acessórios	7,8	5-14
Música e vídeo	7,6	2-10
Cuidados de saúde e beleza	7,4	6-9
Mobiliário	7,3	3,5-10
Têxtil e têxtil lar	6,8	3-11
Videojogos e software	6,8	3-10
Calçado	6,3	3-9
Electrónica	5,5	2-9
Comidas e bebidas	5,0	2-9
Valores médios	**8,3**	**3-20**

Fonte: *The Licensing Letter*, EPM Communications.

Apesar de geralmente o *royalty* ser uma percentagem das vendas, por vezes pode ser uma percentagem dos lucros líquidos ou dos lucros brutos ou um montante por quilo ou por litro. Pode ainda ser um determinado *flat fee*, um valor fixo, uma contribuição extra para investimento em publicidade e promoção; pode ser substituído pelo aluguer de um linear no retalho ou mesmo eliminado se o elevado custo das matérias-primas que o licenciado tem de comprar o justificar (Perrier, 1998). No caso do licenciamento de propriedades que não se destinam a produtos para venda ao retalho, como é o caso de licenciamento para publicidade, falamos geralmente de um *fee* fixo ou de uma percentagem do total de investimento em publicidade. No caso de licenciamento para promoções, o licenciado paga um montante fixo ou uma percentagem (geralmente de 10%) do custo do brinde alusivo à marca ou personagem a utilizar na promoção. Todavia, há que ter em conta outros factores para além da categoria de produto licenciado que influenciam o valor a pagar pelo uso da licença, tais como as suas características e as condições de procura. Por exemplo, a licença *Star Wars*, pela elevada procura, assumiu valores médios de negociação de 14% (Raugust, 1995).

Ainda no âmbito da questão da remuneração do licenciamento, o licenciador obriga geralmente o licenciado ao pagamento de um valor mínimo garantido (Raugust 1995, 1996). O mínimo garantido funciona como adiantamento de pagamento de *royalties* e, tendo em conta factores diversos, pode atingir 50% do volume de negócios previsto. Este mínimo garantido limita o risco do licenciador e encoraja o licenciado a não desistir de desenvolver a licença procurando garantir o empenho do licenciado na sua exploração, servindo de compensação ao licenciador caso a sua prestação fique aquém do expectável. Após o pagamento deste mínimo garantido, só há lugar a recebimentos posteriores pelo licenciador se o valor dos *royalties* a pagar pelas vendas efectuadas ultrapassar o montante pago como adiantamento (Raugust 1995, 1996). Assim, é de extrema importância para o licenciador a existência deste mínimo garantido, sobretudo se tivermos em conta que frequentemente um contrato de licenciamento é exclusivo para uma determinada categoria de produtos.

3. LICENCIAMENTO COMO INSTRUMENTO DE MARKETING

Já foi diversas vezes referido que o licenciamento se transformou numa das mais poderosas ferramentas de *marketing* dos nossos dias, pelo que é interessante abordar com maior detalhe as vantagens que esta actividade proporciona, tanto para o licenciador como para o licenciado, não apenas pelo volume de negócios que permite gerar, mas sobretudo pela sua crescente importância como instrumento de *marketing*.

3.1. **PERSPECTIVA DO LICENCIADOR**

Na perspectiva do licenciador, o licenciamento aumenta o reconhecimento e notoriedade de marca e reforça a sua imagem.[18] A presença da marca no retalho faz do licenciamento uma forma de comunicação não tradicional, que conjugada com outros veículos de promoção e publicidade, potenciam a expansão das associações do consumidor em relação à marca (Revoyr, 1995). Maior notoriedade e

---

[18] O conceito de notoriedade de marca está relacionado com o poder de memorização, que se reflecte na capacidade de reconhecimento da marca pelos consumidores em diferentes situações. (Keller, 1998).

associações fortes, favoráveis e únicas aumentam o desejo dos consumidores de adquirir outras categorias de produtos associadas à marca (extensão de marca) o que acarreta oportunidades de negócio e vantagens de *marketing*. O licenciamento como extensão de marca será abordado posteriormente com mais detalhe.

A vantagem económica é também evidente, pois o detentor da propriedade pode, através do seu licenciamento, conseguir lucros interessantes (através de *royalties* negociados), sem investir em investigação e desenvolvimento (I&D), em produção ou em *marketing* (Raugust, 1995). Contudo, se em muitos casos os *royalties* recebidos pela cedência das licenças são a principal motivação para a opção estratégica de licenciamento (licenças de curto prazo), noutros casos tal não é verdade. Apesar da expansão para novos mercados e produtos através do licenciamento poder ser uma actividade rentável (caso contrário não se avançaria), muitas vezes as receitas provenientes desta actividade não têm grande peso quando comparadas com as originadas pelo negócio principal da empresa (Raugust, 1995).

O licenciamento é também uma forma de testar novos produtos sem grande investimento e com risco controlado. Pode também facilitar a expansão internacional, sobretudo se estivermos na presença de estratégias de internacionalização que requerem adaptações locais ao nível do *marketing-mix*.

O licenciamento pode ainda ser utilizado como instrumento para o relançamento ou reposicionamento da marca da empresa no mercado, pois permite atingir novos mercados e novas audiências.

De um modo geral, podemos afirmar que o licenciamento tem o potencial de promover, suportar e proteger a marca da empresa licenciadora e seus produtos e serviços (http://www.beanstalk.com, 2004). Assim, podemos através da leitura do Quadro 3.1 sistematizar algumas potencialidades que a actividade de licenciamento promove.

Quadro 3.1

Benefícios potenciais do licenciamento para o licenciador

Licenciamento promove a marca
Aumenta a notoriedade da marca
Atrai novos consumidores
Aumenta a elasticidade preço da marca
Redefine as percepções do consumidor
Reforça laços com consumidores actuais
Suporta a estratégia de comunicação
Permite ao licenciador publicidade e suporte de *marketing* (custo licenciado)
Licenciamento suporta a marca
Gera receitas adicionais, sem aumentar os custos
Potencial gerador de receitas futuras
Permite testar novas categorias e negócios
Aumenta presença no retalho e oportunidades de co-promoção
Licenciamento protege a marca
Protecção da marca através do registo
Factor de diferenciação face à concorrência
Instrumento de combate a infracções

Fonte: http://www.beanstalk.com, 2004

Apesar do licenciador evitar alguns riscos que são assumidos pelo licenciado, estes existem, sobretudo se tivermos em conta que toda a actividade de desenvolvimento, fabricação, distribuição e venda é efectuada por uma entidade exterior à própria empresa – o licenciado. Apenas algum suporte de *marketing* ao nível da promoção junto dos retalhistas poderá estar a cargo do licenciador para garantir a pré-venda da propriedade junto da distribuição e assegurar uma boa receptividade (Raugust, 1995). Para minimizar os riscos, o licenciador deve ter especial atenção na selecção dos licenciados mais adequados e dos canais de distribuição; deve ser rigoroso na aprovação dos produtos, controlo de qualidade, gestão dos termos do contrato e rescisão caso haja incumprimento e gestão integrada da marca. Vejamos no Quadro 3.2 o papel do licenciador na gestão do licenciamento.

QUADRO 3.2

Papel do licenciador na gestão do licenciamento

Papel do licenciador - Factores para o sucesso
Fornecer orientação estratégica
Promover e publicitar a marca
Guiar, coordenar e gerir os licenciados
Fornecer direcção técnica e *design*
Gerir processo de aprovações (qualidade, *design* e segurança)
Apoiar licenciados nas vendas ao retalho
Potenciar oportunidades de *cross marketing*

Fonte: http://www.beanstalk.com, 2004

Ao nível do *corporate licensing* (licenciamento de marcas), é importante realçar que nunca se deve avançar para uma estratégia de licenciamento sem a garantia que o programa de licenciamento está integrado no programa de gestão da marca, conforme sugere a análise da Figura 3.1 (http://www.beanstalk.com, 2004).

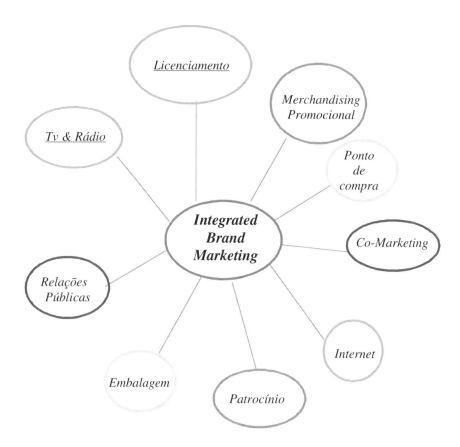

Fonte: Adaptação de informação contida em http://www.beanstalk.com, 2004

FIGURA 3.1 – **Licenciamento no contexto da gestão integrada da marca**

3.2. PERSPECTIVA DO LICENCIADO

O licenciamento é um instrumento extremamente poderoso para um licenciado fabricante aumentar as vendas do seu produto, a sua rendibilidade e a quota de mercado, mas existe um conjunto de outras vantagens que permitem ao licenciado beneficiar de determinadas associações positivas, evitando os elevados investimentos de criação de uma marca ou personagem novos.

Por outro lado, no caso de empresas que também se dediquem à fabricação de produtos não licenciados ou sem marca, o licenciamento pode constituir uma porta de entrada em novos canais de distribuição e novos mercados ou segmentos de mercado. O licenciamento permite ainda ao licenciado aumentar a notoriedade da sua empresa e das suas marcas, lançar novas linhas ou novas categorias de produto, ou preencher nichos de mercado, além de contribuir para reforçar ou alterar o posicionamento da marca da empresa licenciada ou reforçar a sua imagem. No que diz respeito às potenciais vantagens junto de distribuidores e clientes finais, o licenciamento pode melhorar a aceitação da marca da empresa licenciada pelos canais de distribuição e reforçar a participação destes nas iniciativas da empresa licenciada e na divulgação dos seus produtos; reforçar a percepção dos clientes quanto à qualidade do produto, aumentar o envolvimento emocional dos clientes com a marca e melhorar a resposta do cliente à publicidade e a outras acções promocionais. O licenciamento torna-se assim uma forma de diferenciação da oferta da empresa face à concorrência, permitindo inclusive a prática de preços mais elevados, ao tornar o cliente menos sensível ao preço (Aaker e Keller, 1990; Keller, 1998; Raugust, 1995).

Para poder tirar vantagens desta actividade e garantir o sucesso da estratégia de licenciamento, o papel do licenciado é fundamental como sugere a leitura do Quadro 3.3. Tal está patente logo desde a concepção passando também pelo desenvolvimento e fabricação de produtos de qualidade.

Também ao nível da distribuição e venda dos produtos é importante que o licenciado construa relações fortes com os retalhistas, fazendo-os sentir-se confortáveis em relação à compra de produtos licenciados. Perante uma estratégia de licenciamento internacional, o licenciado deve ter em conta que as características da distribuição diferem de país para país. Por exemplo, em Portugal, Espanha e Itália os quiosques são um ponto de venda fundamental de revistas e livros para crianças, enquanto em França os hipermercados assumem um peso bastante superior (Raugust, 2001). O licenciado deve ainda garantir que a sua força de vendas compreende a razão da empresa ter adoptado a estratégia de licenciamento (Bashford, 2003b).

A comunicação a levar a cabo pelo licenciado é outro aspecto fundamental. De acordo com Bashford (2003b), uma vez tomada a decisão de compra de uma licença, é imperativo que o licenciado invista em comunicação. A comunicação parece ser a chave para a manutenção da longevidade de uma licença (Miller, 2001).

QUADRO 3.3

Papel do licenciado no sucesso do licenciamento

Papel do licenciado - Factores para o sucesso
Fabricar produtos licenciados de elevada qualidade
Responsabilidade pela distribuição e venda de produtos licenciados
Assegurar a qualidade, segurança e satisfação do consumidor
Promover e publicitar os produtos licenciados, de acordo com a estratégia global de comunicação da marca

Fonte: http://www.beanstalk.com, 2004

Relativamente aos riscos para o licenciado há que salientar o risco financeiro que é transferido dos licenciadores. Para além do pagamento de uma remuneração e de um mínimo garantido, cabe ao licenciado assumir os custos financeiros de desenvolvimento dos produtos licenciados, publicidade e promoção no ponto de venda, distribuição, fabricação e transporte, que em caso de insucesso da licença não são recuperáveis. Enquanto o *royalty* de licenciamento só é pago ao licenciador depois da concretização de vendas, os restantes custos têm de ser suportados independentemente do sucesso da licença.

4. INFORMAÇÃO ESTATÍSTICA DO LICENCIAMENTO NO MUNDO E NOS PRINCIPAIS MERCADOS

A importância crescente do licenciamento como instrumento de *marketing* estratégico e como fonte de receita para os detentores de propriedades e seus licenciados está patente nas estatísticas divulgadas pela *Licensing Letter*. Apesar de ser patente a escassez de estatísticas relativas ao licenciamento, há algumas excepções. A evolução da actividade de licenciamento está bem documentada para os E.U.A. e Canadá e na Europa encontrámos alguma informação disponível para o Reino Unido e Alemanha.[19]

A Figura 4.1 e o Quadro 4.1 permitem constatar a evolução das vendas de produtos licenciados no retalho (*licensed merchandising*) nos E.U.A. e Canadá, no período de 1993 a 2004.

---

[19] Não tivemos acesso à metodologia utilizada na recolha da informação estatística que apresentamos neste ponto, designadamente no que diz respeito às características da amostra.

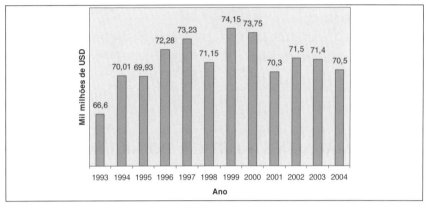

Fonte: *The Licensing Letter*, © Copyright 2005 EPM Communications, Inc.

FIGURA 4.1 – **Evolução das vendas de produtos licenciados no retalho dos E.U.A. e Canadá: 1993-2004**

QUADRO 4.1
Venda de produtos licenciados no retalho nos E.U.A. e Canadá, por tipo de propriedade em 2002-2004

(Mil milhões de dólares americanos)

Tipo de Propriedade	Vendas 2002	Vendas 2003	Vendas 2004	% 2004	Δ % 2004/3
Marcas	18,20	18,00	17,80	25	-1
Personagens/ Entretenimento	14,10	13,60	13,40	19	-1
Moda	11,20	10,50	10,10	14	-4
Desporto	11,30	12,70	12,60	18	-1
Arte	6,20	6,30	6,00	9	-5
Brinquedos e Jogos	3,00	2,95	2,80	4	-5
Personalidades *	3,00	2,90	3,10	4	6
Publishing	2,00	1,90	1,75	2	-9
Música	1,50	1,60	2,00	3	25
Não lucrativas	0,90	0,85	0,85	1	0
Outras	0,10	0,10	0,10	<1	0
Total	**71,50**	**71,40**	**70,50**	**100**	**-1**

Fonte: *The Licensing Letter*, © Copyright 2004, 2005 EPM Communications, Inc

(*) *NOTA*. Personalidades – inclui apenas produtos licenciados, e não o licenciamento de personalidades para fins de publicidade (o que representa mais de metade do negócio do licenciamento de personalidades).

Informação estatística do licenciamento no mundo e nos principais mercados 57

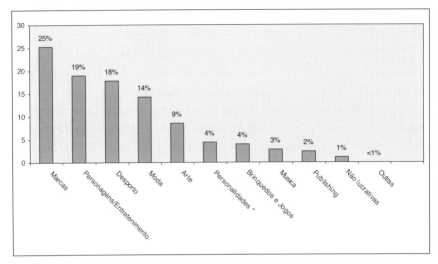

Fonte: *The Licensing Letter*, © Copyright 2005 EPM Communications, Inc

FIGURA 4.2 – **Peso dos diferentes tipos de propriedade nas vendas de produtos licenciados no retalho dos E.U.A. e Canadá em 2004**

(*) *NOTA*: Personalidades – inclui apenas produtos licenciados, e não o licenciamento de personalidades para fins de publicidade (o que representa mais de metade do negócio do licenciamento de personalidades).

Total de vendas no retalho em 2004 = 70,5 mil milhões de USD.

As propriedades que assumiram maior peso no total de vendas em 2004 foram as marcas (de empresas, produtos e serviços), responsáveis por 25% do total de vendas; entretenimento e personagens representaram 19%; desporto 18% e moda 14%. De salientar que, conjuntamente, o licenciamento de marcas e personagens (objecto desta abordagem) é responsável por 44% do total de vendas no retalho de produtos licenciados em 2004 (Quadro 4.1 e Figura 4.2).

As vendas de produtos licenciados com origem em propriedades de entretenimento e personagens atingiram os 13,6 mil milhões de dólares em 2003 e 13,4 mil milhões de dólares em 2004, ou seja, um decréscimo de 1% no período 2004/3. As vendas de produtos licenciados com origem em marcas foram os produtos licenciados mais vendidos em 2003 e 2004, tendo neste último ano atingido os 17,8 mil milhões de dólares. O licenciamento baseado em música foi o que mais cresceu no período 2003/4; cerca de 25% (Quadro 4.1).

Analisando a distribuição das vendas por categoria de produtos licenciados em 2003 (não foi encontrada esta informação relativa a 2004), conclui-se que se destaca o têxtil com 13%, seguido de comidas e bebidas com 11% e de jogos e brinquedos com 10%. É frequente em publicações da especialidade serem mencionados exemplos de licenciamento de produtos têxteis, pelo crescimento e importância que tem vindo a assumir (Figura 4.3). O licenciamento de jogos e brinquedos,

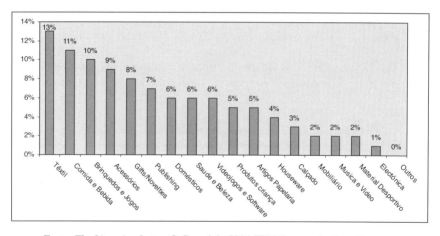

Fonte: *The Licensing Letter*, © Copyright 2004 EPM Communications, Inc

FIGURA 4.3 – **Peso das diferentes categorias de produto na venda de produtos licenciados no retalho nos E.U.A. e Canadá em 2003**

NOTA: Total pode não ser 100% devido a arredondamentos.

Total de vendas no retalho em 2003 = 71,4 mil milhões de USD

sobretudo associados a personagens de televisão e filmes, continua a ser um negócio extremamente rentável. Barbieri (2003) afirma que as crianças de hoje querem o produto relacionado com o programa que viram na televisão ou no cinema. Elsa Gomes (2005), directora ibérica da *Copyright Promotions,* defende que "as marcas que mais sucesso atingem no licenciamento são as que se associam ao cinema. Antigamente era o licenciamento de séries de televisão que prevalecia, mas esta mudança surgiu devido ao aumento do número de espectadores de cinema e ao grande investimento que os estúdios fazem num curto espaço de tempo para promover os filmes, de forma muito bem programada, atempada e eficiente."

É interessante analisar a repartição das vendas mundiais de produtos licenciados no retalho, por área geográfica. De 2002 para 2003 verificou-se um decréscimo de 2% das vendas mundiais de produtos licenciados, passando de 108 175 milhões de dólares em 2002, para 107 990 milhões em 2003. Os E.U.A. e o Canadá foram conjuntamente responsáveis por 66,1% das vendas mundiais em 2003, enquanto o peso da Europa Ocidental foi de 22,4% (Quadro 4.2).

QUADRO 4.2

Vendas de produtos licenciados no retalho, no mundo, por área geográfica em 2002-2003

(Milhões de dólares americanos)

Áreas Geográficas	Vendas Retalho 2002	Vendas Retalho 2003	% 2003	Δ % 2003/2
E.U.A. / Canadá	71500	71400	66,1	0
Europa Ocidental	24000	24150	22,4	1
Japão	8500	8025	7,4	-6
Austrália e Nova Zelândia	1650	1675	1,6	2
América Latina	775	825	0,8	6
Sudoeste Asiático (inclui Hong Kong)	625	650	0,6	4
China	800	925	0,9	16
Europa de Leste	125	140	0,1	12
Outros *	200	200	0,2	0
Total	**108175**	**107990**	**100**	**-0,2**

Fonte: http://www.beanstalk.com/basis/facts

(*) *NOTA:* Outros inclui Índia, África do Sul e Médio Oriente.

Analisemos agora informação relativa ao licenciamento na Europa, designadamente Reino Unido e Alemanha, em 2002. Verifica-se em ambos países um acentuado crescimento das vendas de *corporate licensing* (licenciamento de marcas), tendo o acréscimo sido de 7,41% no Reino Unido e de 6,25% na Alemanha, no período 2001/2. Quanto à venda de *character licensing* (licenciamento de personagens), o crescimento no Reino Unido e Alemanha foi de 4,12% e 4,49%, respectivamente, e inferior ao verificado no licenciamento de marcas. Também a venda de *merchandising* desportivo registou um acentuado crescimento: 5,26 % e 8,33% no Reino Unido e Alemanha, respectivamente (Quadro 4.1 e 4.3).

QUADRO 4.3

Estimativa de receita de licenciamento (*total royalty income*) no Reino Unido e Alemanha, por tipo de propriedade em 2002

(Milhões de dólares americanos)

Tipo Propriedade	Reino Unido	%	Δ % 2002/1	Alemanha	%	Δ % 2002/1
Marcas	29	12,5	7,41	17	8,6	6,25
Personagens/ Entretenimento	101	43,5	4,12	93	47,2	4,49
Moda	58	25,0	-3,33	67	34,0	-4,29
Desporto	20	8,6	5,26	13	6,6	8,33
Publishing	12	5,2	0,00	n.a.	n.a.	n.a
Outras*	12	5,2	0,00	7	3,6	-12,50
Total	**232**	**100**	**2,20**	**197**	**100**	**1,03**

Fonte: http//:www.licensing.org (2003)

(*) *NOTA*: Outras inclui arte, brinquedos e jogos, música, não lucrativas, etc.

No Reino Unido o licenciamento de personagens representa 43,5% do total de vendas de produtos licenciados e na Alemanha 47,2%,

Informação estatística do licenciamento no mundo e nos principais mercados 61

enquanto nos E.U.A. e Canadá é o licenciamento de marcas desde 2002 que é responsável pela maior fatia de vendas de produtos licenciados (Quadro 4.1 e 4.3). Apesar disso, também a Europa (Reino Unido e Alemanha) tem assistido ao crescimento da venda de produtos licenciados com origem em marcas, que juntamente com o desporto apresentam os maiores crescimentos. O excesso de oferta de produtos licenciados baseados em propriedades relacionadas com personagens e marcas de filmes e televisão (entretenimento), aliado ao risco que resulta do facto destas licenças serem em geral de curto prazo, tem levado as empresas licenciadas a optar cada vez mais por outro tipo de licenças, designadamente por marcas de empresas, produtos e serviços e desporto que são de carácter mais duradouro.

5. LICENCIAMENTO, FONTES SECUNDÁRIAS DE CONHECIMENTO DE MARCA E EXTENSÕES DE MARCA

Neste capítulo procuraremos relacionar o licenciamento com outros temas que lhe estão associados e que julgámos relevantes: o processo de transferência de conhecimento (fontes secundárias de conhecimento de marcas) e extensões de marca.

5.1. FONTES SECUNDÁRIAS DE CONHECIMENTO DA MARCA

A crescente necessidade de distinguir os bens e serviços de um produtor em relação aos da concorrência *(branding[20])* tem levado as empresas a ter um cuidado acrescido na escolha das características de cada um dos elementos da sua marca[21] (ou combinação destes elementos) e na definição das suas estratégias de *marketing mix* (preço,

---

[20] Por *Branding* entende-se dotar produtos e serviços de vantagens que contribuam para a construção de uma marca forte (Keller, 2003).

[21] As componentes da identidade física da marca são: nome, emblemas da marca (logótipo, *jingle*, símbolos e assinatura), grafismo da marca (tipografia, códigos, cores), embalagem, design e produto (Dionísio, Lendrevie, Lindon e Rodrigues 1992). Os elementos da marca são o nome e URL's, logótipo, símbolo, personagem, *slogan*, *jingle*, sinal e embalagem (Keller, 1998).

produto, distribuição e comunicação). No entanto, tem-se assistido a uma nova forma de conseguir a diferenciação: através da associação das marcas a outras entidades. A ideia subjacente é associar a marca a outras entidades, com estruturas de conhecimento próprias na memória dos consumidores, conseguindo que as associações e respostas do consumidor a estas entidades sejam transferidas para a marca. As entidades a que nos referimos podem ser pessoas, coisas, locais ou outras marcas (Figura 5.1) (Keller, 1998; Keller, 2003).

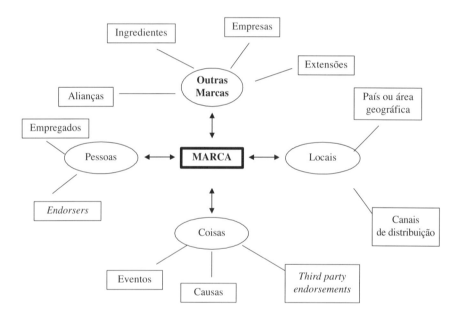

Fonte: Keller (2003)

FIGURA 5.1 – **Fontes secundárias de conhecimento da marca**

O efeito no comportamento do consumidor da associação de uma marca a outras entidades, tais como pessoas, locais, coisas ou outras marcas, com o objectivo de melhorar o capital da marca (reforçar a notoriedade e/ou criar associações fortes, únicas e favoráveis) é designado por *brand leveraging process* (ou *leveraging secondary brand knowledge*) (Keller, 2003).[22] As associações secundárias, para além de criarem novas associações, podem também constituir uma forma eficaz de reforço de associações já existentes (efeitos indirectos) ou de conseguir determinado tipo de respostas de uma forma diferente (Keller, 1998).

Estas entidades funcionam, assim, como fontes secundárias de *conhecimento da marca*, entendendo-se por conhecimento de marca o significado pessoal atribuído pelo consumidor a uma marca armazenada na sua memória. É fundamental estarmos atentos aos aspectos mais intangíveis do conhecimento das marcas e não tanto aos aspectos relacionados com os produtos físicos ou as especificidades do serviço *per si*. Falar de *branding* é ter em conta estes aspectos abstractos e intangíveis (Keller, 2003). Nesse sentido, o importante é compreender como a associação de uma marca a outras entidades influencia o conhecimento do consumidor acerca das marcas. Desde logo temos de ter em conta o que o consumidor sabe acerca da outra entidade e qual o impacto que esta associação vai ter na marca que está a ser objecto de associação. Teoricamente, qualquer aspecto relacionado com a entidade pode ser inferido pelo consumidor e transferido para a marca. O processo de transferência de conhecimento pode constituir uma importante forma de gerar diferenciação em relação à concorrência, desde que as associações entre a entidade e a marca sejam congruentes (Keller, 1998).

Este processo de transferência é, apesar de tudo, arriscado, uma vez que com tais associações se pode observar uma perda de controlo sobre a imagem da marca, não sendo possível garantir que apenas os aspectos relevantes das entidades associadas sejam transferidos para a marca. Para melhor compreender este processo de transferência de conhecimento entre marcas através do processo de associação a outras marcas, torna-se necessário analisar as dimensões do conhecimento de uma marca que podem ser transferidas: notoriedade, atributos, benefícios, imagens, pensamentos, sentimentos, atitudes e experiências – múltiplas dimensões do conhecimento (Keller, 1998). Segundo Keller (1998), existem três factores que operam neste processo, depen-

---

[22] *Leverage* significa influência, especialmente de forma não oficial ou irregular; alavancagem (Longman Dictionary of Contemporary English, 1978).

dendo das fontes secundárias de informação e das dimensões de conhecimento envolvidas no processo de transferência: o conhecimento da entidade, o significado do conhecimento da entidade e a transferência de conhecimento da entidade. Dito de outro modo, trata-se de compreender o que os consumidores sabem acerca da outra entidade e se o conhecimento que os consumidores têm da outra entidade afecta o que estes pensam acerca da marca como resultado da associação à referida entidade (Keller, 2003). Torna-se, assim, pertinente analisar o modo como as dimensões cognitivas intervêm no processo de transferência de conhecimento e, em particular, como a actividade de licenciamento se pode relacionar com estas questões.

5.2. O LICENCIAMENTO NO PROCESSO DE TRANSFERÊNCIA DE CONHECIMENTO

Tentaremos analisar como o licenciamento pode estar presente no processo de transferência de conhecimento entre uma marca e uma terceira entidade à qual se associa. Vamos focar o licenciamento com o objectivo de criação de novos produtos ou linhas de produtos.

Comecemos pelo processo de transferência associado ao licenciamento de marcas, ou seja, a associação de uma marca (a do licenciado), a outra marca ou elementos de outra marca (a do licenciador). O objectivo do licenciado é o reforço do capital da sua marca como resultado da aumento da notoriedade e da transferência de determinadas associações relevantes de uma marca para a outra – papel do licenciamento como *"brand leveraging process."* Assim sendo, estamos em presença de licenciamento como forma de *co branding*, ou seja, duas ou mais marcas conjugam-se num único produto ou são vendidas conjuntamente (Keller, 1998). As marcas a combinar podem pertencer à mesma empresa (licenciamento interno) ou a empresas distintas, supondo que existe uma complementaridade real entre os produtos e o valor de uma marca associada a outra marca resulte numa melhoria do valor e imagem de ambas (Alves e Bandeira, 2001).

O *co-branding* e em particular o licenciamento como forma de *co-branding* têm vantagens e desvantagens para o licenciador que já abordámos. O posicionamento do produto do licenciado em virtude da associação a outras marcas potencia um aumento de vendas bem como a oportunidade de atingir novos consumidores e canais de distribuição, a par da redução do custo de introdução de novos produtos enquanto resultado da combinação de duas marcas com reconhecimento. Constitui também uma forma de aprendizagem partilhada dos consumidores e de como cada uma das empresas se dirige aos seus clientes. Pode ainda ser uma importante forma de diferenciação, sobretudo quando se torna difícil acrescentar valor através dos atributos tangíveis associados aos diferentes produtos ou serviços. É uma fonte de receita adicional e de extensão da marca para outras linhas ou categorias de produto. Em relação às desvantagens, de destacar o facto de se verificar uma perda de controlo e um risco de diluição do capital da marca, pois podem decorrer efeitos negativos da transferência de associações não desejadas de uma marca para a outra. Podem-se tentar minimizar as desvantagens e maximizar as vantagens recorrendo a associações lógicas entre as marcas (Keller, 1998).

Contudo, o licenciamento no processo de transferência de conhecimento não se esgota na associação de uma marca a outras marcas. Recordemos o caso do licenciamento de pessoas (personalidades reais) que significa que a associação entre uma marca e a entidade pessoas pode ser conseguida através de um acordo de licenciamento entre o licenciador e o licenciado (a empresa detentora da marca – licenciada – pretende associar-se à entidade pessoa). Vimos que apesar de se fazer cada vez mais licenciamento de personalidades, que passam a integrar novos produtos, estas associações entre a marca e a entidade pessoa ainda são feitas frequentemente com recurso ao *endorsement* como referido anteriormente.

Por fim, referimos que também é possível licenciar locais, eventos ou causas (sobretudo no âmbito do processo de licenças não lucrativas).

5.3. EXTENSÕES DE MARCA

Durante décadas muitas empresas evitaram a introdução de novos produtos com a mesma designação de marca, atendendo aos riscos associados a esta estratégia. No entanto, com o decorrer dos tempos, as empresas começaram a repensar as suas políticas de defesa de "uma marca, um produto" e a introduzir novos produtos com a mesma marca (Keller, 1998). Para uma melhor compreensão do que é a extensão de marca, comecemos por recordar a Matriz de *Ansoff* (Figura 5.2):

PRODUTO

		Actual	Novo
MERCADO	Actual	Penetração	Desenvolvimento de Produto
	Novo	Desenvolvimento de Mercado	Diversificação

FIGURA 5.2 – **Matriz de crescimento de Ansoff**

Consideramos estar na presença de uma *extensão de marca* quando uma empresa utiliza uma marca existente para introduzir um novo produto dentro de uma mesma categoria (*extensão de linha*) ou numa nova categoria de produtos (*extensão de categoria*) (Keller, 1998), ou seja, existe extensão de marca sempre que uma determinada empresa que actualmente comercializa um produto com a marca A, introduz um novo produto (linha ou categoria) com essa mesma marca (Lee, 1995). Partindo do pressuposto que o consumidor tem associações positivas em relação à marca e que essas associações serão transferidas para os novos produtos resultado da extensão, a extensão de marca torna-se uma fonte geradora de capital da marca. Tendo presente que só recentemente as extensões de marca começaram a proliferar, não é líquido que a sua proliferação tenha sempre efeitos positivos. Muitos têm sido os autores (e.g., Keller, 1998; Romeo, 1991; Aaker e Keller, 1990) que se têm dedicado a este tema na tentativa de fornecer orientações e pistas de reflexão.

Assim, estamos na presença de extensões de marca com sucesso se o consumidor tiver associações favoráveis em relação à marca existente e se existir uma relação coerente entre a marca e os novos produtos a lançar. Optar por uma estratégia de extensão de marca em vez da criação de uma nova marca só faz sentido se os decisores acreditarem que os consumidores vão manter a atitude positiva e a imagem favorável que existe em relação à marca original. No entanto, pode acontecer que o consumidor tenha associações favoráveis em relação a uma marca enquanto associada ao produto original, mas que no contexto de uma extensão tais associações se tornem negativas.

Para tentar minimizar os riscos associados a estratégias de extensão de marca, Keller (1998) fornece um conjunto de princípios orientadores do processo a seguir na implementação de uma estratégia de extensão de marca:

1. Definir o conhecimento actual e o conhecimento desejado do consumidor em relação à marca.
2. Identificar as oportunidades de extensão de marca, tendo em conta as associações da marca original e o nível de semelhança ou coerência entre a extensão e a marca e os produtos existentes.
3. Avaliar o potencial da extensão de marca para a criação de capital da marca, com base na inferência de associações fortes, favoráveis e únicas.
4. Avaliar os efeitos recíprocos que podem ocorrer na marca original resultado da extensão, tendo em conta os seguintes factores: relevância, consistência, força e atractividade da extensão.
5. Considerar possíveis vantagens competitivas percebidas pelos consumidores e possíveis reacções dos consumidores.

6. Conceber programas e campanhas de *marketing* para suporte à extensão de marca.
7. Avaliar o sucesso da extensão de marca e efeitos no capital da marca.

Algumas destas conclusões sobre as extensões de marca podem e devem ser utilizadas pelos decisores de empresas na opção por determinado programa de licenciamento. Considerámos, assim, relevante dedicar-lhe alguma atenção. Interessam sobretudo as conclusões associadas a extensões de marca para novas categorias de produto, pois geralmente a empresa licencia as suas propriedades a fabricantes que operam em mercados distintos do negócio principal do licenciador (novas categorias, mais ou menos relacionadas).

O processo de transferência de atitudes da marca existente para novos produtos é influenciado positivamente pelo nível de semelhança entre estes produtos. Assim, uma marca é mais extensível a categorias fortemente relacionadas com a categoria original, do que a categorias distintas, pois mais rapidamente os consumidores podem identificar as novas categorias como estando associadas à marca e a categorias originais (Aaker e Keller, 1990). Contudo, se por um lado as extensões muito relacionadas aumentam a probabilidade de aceitação da extensão pelos consumidores, por outro lado, se ocorrerem efeitos negativos indesejáveis na marca original, a deterioração ocorrida é maior no caso de extensões semelhantes do que no caso de extensões não semelhantes (Romeo, 1991).

Ao nível do lançamento de novos produtos (dentro ou fora da categoria de produto original) é importante garantir que os atributos da marca e dos produtos originais são transferidos para os novos produtos. Duas situações podem ocorrer: (1) os novos produtos, resultado da extensão de marca, são representados pelo mesmo conjunto de atributos da marca principal – *produtos comparáveis e extensões de marca comparáveis* avaliadas pelo mesmo conjunto de atributos da marca principal; (2) apenas há partilha de alguns atributos mais salientes da marca original, mantendo cada produto atributos únicos irrelevantes para o outro – *extensão moderadamente não comparável.*

A quantidade de atributos acessíveis quando se pensa na extensão de marca e a medida em que esses atributos são percebidos pelo consumidor como sendo apropriados para a extensão de marca, influenciam a forma como estes avaliam a extensão de marca face à marca existente (Johnson, 1984). Estudos sugerem que a avaliação dos consumidores quanto à extensão ocorre de forma mais consistente e favorável no caso de uma extensão moderadamente não comparável (Lee, 1995).

Ainda no âmbito do lançamento de novos produtos, apesar de muitos investigadores concluírem que estes devem ter semelhanças em relação aos produtos originais, alguns autores concluíram que, caso não se verifiquem grandes semelhanças, é mais fácil a transferência selectiva de atitudes para a marca no caso de extensões associativas (o produto tem um novo nome associado ao nome original), do que no caso de extensões directas (o novo produto tem o mesmo nome do original). Além disso, caso ocorram efeitos negativos na marca original resultado da extensão, é preferível a marca associativa à marca directa original (Park, McCarthy e Milberg, 1993; Keller, 1993). Ainda assim são preferíveis as extensões directas quando não ocorrem efeitos recíprocos negativos; as atitudes dos consumidores face a extensões directas estão positivamente relacionadas com as atitudes face à marca original (Shocker, 1995).

Apesar dos inúmeros estudos consultados e da diversidade de conclusões acerca deste tema, ficam apenas estas referências para reflexão. No caso do nosso estudo, a questão que surge é se o licenciamento deve ser considerado uma extensão de marca e se estes estudos podem ser úteis na opção por determinada estratégia de licenciamento.

5.4. LICENCIAMENTO COMO OPÇÃO ESTRATÉGICA DE EXTENSÃO DE MARCA

O licenciamento é um instrumento simples e com custo reduzido que permite ao proprietário ampliar a sua marca a novos produtos (Ash, 1993). Neste sentido, o licenciamento é uma opção de extensão da marca do licenciador, assistindo-se por isso cada vez mais a proprietários de marcas fortes (e.g., *Coca Cola, Harley Davinson* ou *Elle*) que recorrem ao licenciamento como opção de extensão a novas categorias de produtos. As extensões de marca através de acordos de licenciamento visam o lançamento de novas categorias de produto, ou seja, o licenciador estabelece contratos com licenciados que operam em mercados diferentes dos seus (estratégias de diversificação). Já para o licenciado, o licenciamento é uma forma de associação da sua marca a outras entidades com os objectivos de beneficiar de determinadas associações positivas, com o potencial de aumentar as vendas do seu produto e criar novos produtos ou linhas de produtos.

De acordo com este quadro analítico, propomo-nos no âmbito do nosso estudo analisar o licenciamento de personagens e marcas de entretenimento como forma de extensão de marca. Estamos em larga medida na presença de *licenças de curto e médio prazo* e, portanto, com períodos de vida relativamente curtos. Assim, apesar de teoricamente estarmos na presença de uma extensão, na medida em que são introduzidos novos produtos associados a determinadas marcas e personagens, o objectivo é sobretudo gerar vendas e receitas de curto prazo. Por esse motivo, as conclusões anteriormente sugeridas poderão não ser de grande utilidade para os detentores destas propriedades, que baseiam as suas decisões e seleccionam as novas categorias a licenciar com base no conhecimento que têm da sua propriedade e dos seus consumidores nos mercados actuais. Os licenciados manifestam alguma preocupação em avaliar as atitudes e associações positivas que existem em relação à marca a licenciar antes de tomarem a sua decisão de compra, mas geralmente não se preocupam com questões concretas relacionas, por exemplo, com a transferência de atributos para os novos produtos.

Apesar de tradicionalmente o licenciamento estar associado sobretudo a personagens e marcas de entretenimento, as estatísticas do licenciamento apresentadas demonstram o crescimento da importância do licenciamento de marcas de empresas, produtos e serviços *(corporate licensing)*. Isto acontece porque os detentores destas marcas começam a compreender as implicações das extensões de marca e a importância que o licenciamento pode assumir como instrumento para atingir o objectivo de lançamento de novos produtos sob a designação da marca original. Daí que muitas empresas já tenham começado a registar as suas marcas para um conjunto vasto de categorias de produtos não apenas com o objectivo de protegerem o seu produto principal, mas preparando o terreno para o desenvolvimento de programas de licenciamento associados a extensões da marca a novas categorias de produto.

Há que realçar novamente que uma das grandes diferenças entre o licenciamento de personagens e marcas de entretenimento e de marcas de empresas, produtos ou serviços, é que estas últimas assentam em estratégias de longo prazo (Miller, 2003). Pelos motivos apontados, os licenciadores devem considerar os prós e os contras da decisão de licenciamento das suas marcas e ponderar os riscos que poderão enfrentar. Por exemplo, um licenciamento mal gerido pode diluir o capital da marca, acabando por prejudicar ou mesmo destruir o negócio principal da empresa licenciadora. É sobretudo nestes casos e na tentativa de minimizar riscos que os estudos referidos na literatura sobre extensões de marca poderão ser úteis antes da opção de estabelecer acordos de licenciamento para entrar em novos mercados e atingir novos consumidores. Do exposto, facilmente se depreende que nem todas as marcas devem estar associadas a programas de licenciamento; a garantia de sucesso no licenciamento passa por considerar esta actividade como uma verdadeira extensão de marca, integrada nas estratégias de gestão de marcas das empresas intervenientes (recorde-se a Figura 3.1).

6. METODOLOGIA E RECOLHA DE DADOS

Terminados os capítulos anteriores onde procurámos enquadrar teóricamente a actividade de licenciamento, propomo-nos em seguida apresentar a metodologia utilizada na condução de um estudo com o objectivo de conhecer as motivações, implementação e avaliação do licenciamento de marcas e personagens em Portugal, na perspectiva do licenciado. A relevância de um estudo com as características do que propomos advém da inexistência de informação acerca do mercado de licenciamento em Portugal, seja do ponto de vista das características das empresas licenciadas, que frequentemente recorrem a esta activi-dade, seja das suas motivações, implementação e avaliação.

6.1. **ESTUDO EXPLORATÓRIO PRELIMINAR**

O estudo elaborado recorreu a um questionário estruturado, cons-truído a partir da literatura revista. A necessidade de detalhar algumas variáveis desse questionário e de adaptar algumas questões à realidade das empresas que pretendíamos inquirir, levou-nos a efectuar algumas entrevistas não estruturadas a decisores de empresas licenciadas a operar no mercado português. Foram efectuadas 10 entrevistas não--estruturadas a licenciados de uma estação de televisão a operar em diferentes mercados, designadamente: brinquedos; comidas e bebidas;

publishing; bijutaria; ourivesaria e relojoaria; música e têxtil. Estas entrevistas permitiram detalhar diversos itens específicos, como constataremos oportunamente mais adiante, nomeadamente no que se refere à organização dos tipos de licenças contratadas; principais razões que influenciam a decisão de opção por uma determinada licença; objectivos das empresas ao recorrerem a esta actividade; critérios utilizados na selecção das propriedades a licenciar; e dificuldades concretas que se apresentam às empresas licenciadas.

6.2. QUESTIONÁRIO ESTRUTURADO

6.2.1. Desenvolvimento do Questionário

O questionário (Anexo A) foi organizado em cinco partes, centradas na actividade de licenciamento: (1) caracterização geral da actividade de licenciamento; (2) critérios na selecção de programas de licenciamento; (3) motivação das empresas para se envolverem em programas de licenciamento; (4) implementação de programas de licenciamento; e (5) avaliação da implementação de programas de licenciamento. Foi acrescentada uma sexta parte com dados demográficos e informação complementar sobre a empresa inquirida. Apesar de se tratar de um questionário estruturado com questões fechadas, incluímos uma pergunta aberta para permitir aos inquiridos explicar as suas respostas ou acrescentar informação importante sobre a actividade de licenciamento da sua empresa, não abordada no questionário.

6.2.2. Mensuração: Descrição das Escalas Utilizadas no Estudo

Em seguida, descriminaremos para cada uma das partes que constituem o questionário a origem dos seus itens. Sempre que possível, as

Metodologia e recolha de dados

escalas utilizadas no questionário terão por base a literatura revista neste estudo e escalas já desenvolvidas.

6.2.2.1. *Caracterização Geral da Actividade de Licenciamento da Empresa*

A caracterização geral da actividade de licenciamento envolveu questões explorando o seguinte:

- Categorias de produtos licenciados em que a empresa opera: jogos e brinquedos; livros e revistas; comidas e bebidas; acessórios; papelaria e produtos de papel; material escolar; cuidados de saúde e beleza; têxtil; música e vídeo; e outras (Raugust, 1995; Ash, 1993; Brochstein, 2004; entrevistas não estruturadas).

- Tipo de licenças contratadas pela empresa inquirida: marcas de empresas, produtos e serviços; personagens de televisão, de cinema e de banda desenhada; moda; desporto; música; arte e *design*; personalidades; e outras (Raugust, 1995; Ash, 1993; Brochstein, 2004).

- Número de licenças contratadas pela empresa inquirida em 2003 e 2002.

- Peso da venda de produtos licenciados em 2003 no volume global de negócios da empresa. Escala de 10 pontos de $(1) = 0\% - 9\%$ a $(10) = 90\% - 100\%$. Acrescentou-se a possibilidade de opção pela resposta "não sabe."

6.2.2.2. *Critérios de Selecção de Programas de Licenciamento*

Será avaliado o grau de importância para a empresa de um conjunto de critérios utilizados na selecção de uma licença.

Itens	Fonte/Origem
Valor atribuído à licença.	Raugust (1995)
Preço a pagar pela licença.	Raugust (1995); entrevistas não estruturadas
Duração da licença em termos de curto ou médio e longo prazo.	Raugust (1995); Labrose (1993); Schinner (2001)
Grau de aceitação pelo retalho/distribuição.	Schinner (2001); entrevistas não estruturadas
Custos de investigação e desenvolvimento de produto.	Entrevistas não estruturadas
Quantidades mínimas exigidas para fabricação, face à dimensão do mercado.	Entrevistas não estruturadas
Orçamento (*budget*) para investimento em licenciamento.	Bashford (2003b); entrevistas não estruturadas

NOTA: Itens avaliados numa escala de 5 pontos de (1) = nada importante a (5) = muito importante.

6.2.2.3. *Motivação da Empresa Inquirida para se Envolver em Programas de Licenciamento*

Será avaliado o grau de importância que a empresa atribui ao seguinte conjunto de razões para recurso ao licenciamento.

Itens	Fonte/Origem
Preço baixo do licenciamento quando comparado com o custo de desenvolver uma marca (ou personagem) nova.	Raugut (1995)
Aumento da notoriedade da empresa licenciada.	Aaker (1990); Keller (1998)
Aumento da notoriedade das marcas da empresa licenciada.	Aaker (1990); Keller (1998)
Entrada em novos mercados/segmentos de mercado.	Marques (2002); Raugust (1995)
Lançamento de novas linhas de produto.	Marques (2002); Raugust (1995); entrevistas não estruturadas
Lançamento de novas categorias de produto.	Keller(1998); www.beanstalk.com
Entrada em novos canais de distribuição.	www.beanstalk.com
Reforço da imagem das marcas da empresa licenciada.	Keller (1998); Labrose (1993)
Posicionamento das marcas da empresa licenciada.	Keller (1998); Labrose (1993)
Diferenciação da oferta da empresa face à concorrência.	Raugust (1995); entrevistas não estruturadas
Preenchimento de nichos de mercado.	Marques (2002); entrevistas não estruturadas
Possibilidade de praticar um preço elevado *(premium)* ao tornar o cliente menos sensível ao preço.	Keller (1998)
Reforçar a percepção do cliente quanto à qualidade do produto.	Keller (1998); Labrose (1993)
Aumentar o envolvimento emocional do cliente com a marca.	Keller (1998)
Melhorar a resposta do cliente à publicidade e a outras acções promocionais da marca.	Keller (1998); Lee (1995)
Melhorar a aceitação da marca pelos canais de distribuição.	Keller (1998)
Reforço da participação dos canais de distribuição na divulgação dos produtos e iniciativas da marca.	www.beanstalk.com; Raugust (1995)
Aumento das vendas.	Raugust (1995); Keller (1998); entrevistas não estruturadas
Aumento da rendibilidade.	Raugust (1995); Keller, (1998); entrevistas não estruturadas
Aumento da quota de mercado.	Raugust (1995); Keller (1998); entrevistas não estruturadas

NOTA: Itens avaliados numa escala de 5 pontos de (1) = nada importante a (5) = muito importante.

6.2.2.4. *Implementação de Programas de Licenciamento*

Neste estudo a implementação de programas de licenciamento será estudada analisando os seguintes aspectos:

- Tempo médio (meses) necessário para o desenvolvimento de um programa de licenciamento – desde a contratação da propriedade até ao início das vendas.
- Principais locais de venda de produtos licenciados. Cinco alternativas de resposta: retalho tradicional; supermercados; grandes superfícies; grossistas; e outros (Origem dos itens: entrevistas preliminares).
- Impacto de aspectos relacionados com distribuição na actividade de licenciamento da inquirida. Foi avaliado o impacto dos itens seguintes:

Itens	Fonte/Origem
Distribuição demasiado concentrada nas mãos de um pequeno número de empresas.	Entrevistas não estruturadas; Brochstein (2004)
Equipas de vendas têm fraco poder negocial junto à distribuição.	Entrevistas não estruturadas
Distribuição aposta cada vez mais em marcas próprias para concorrer com produtos licenciados.	Brochstein (2004)
A distribuição argumenta existir excesso de oferta de produtos licenciados.	Entrevistas não estruturadas; Brochstein, (2004)
Há pouca preocupação por parte da sua empresa de envolvimento da distribuição nas estratégias de licenciamento.	Entrevistas não estruturadas
Critério de decisão de compra da distribuição unicamente centrado nas próprias margens.	Entrevistas não estruturadas; Brochstein (2004)
Distribuição dá preferência a licenças internacionais (face a nacionais).	Entrevistas não estruturadas
Distribuição coloca entraves à entrada de produtos baseados em licenças de curto prazo (ex., personagens e marcas de televisão).	Entrevistas não estruturadas; Brochstein, (2004)
A distribuição valoriza produtos licenciados que se diferenciem positivamente das alternativas existentes no mercado, pela qualidade e/ou inovação.	Raugust (1995)

NOTA: Itens avaliados com recurso a escala de 5 pontos de (1) = forte impacto negativo a (5) = forte impacto positivo.

Foi dedicada especial atenção à questão da distribuição por: (1) ser um factor referido várias vezes na literatura como um dos principais desafios colocados ao licenciamento; e (2) ser apontado pelos decisores de empresas portuguesas licenciadas como uma das maiores dificuldades ao desenvolvimento com sucesso de programas de licenciamento.

- Principais tipos de comunicação para os produtos licenciados. Nove alternativas de resposta: televisão; rádio; *outdoor*; imprensa; cinema; promoções; salões e feiras; não efectua comunicação; e outros (Origem dos itens: entrevistas não-estruturadas).
- Montante global de investimento da empresa inquirida em comunicação de produtos licenciados, comparado com outros produtos não licenciados. Quatro alternativas de resposta: investimento nulo (tal como para restantes produtos); investimento inferior ao dos restantes produtos; investimento semelhante ao dos restantes produtos; investimento superior ao dos restantes produtos.
- Grau de importância para a empresa inquirida de um conjunto de dificuldades à actividade de licenciamento, nomeadamente:

Itens	*Fonte/Origem*
Antecipar as preferências do cliente.	Keller (1998); Scheiner (2001)
Fazer face rapidamente a rupturas de stocks.	Entrevistas não estruturadas
Tempo até à colocação do produto no mercado.	Entrevistas não estruturadas
Montante a pagar de royalties de licenciamentos.	Entrevistas não estruturadas
Custos de investigação e desenvolvimento.	Entrevistas não estruturadas
Colocação do produto na distribuição/retalho.	Entrevistas não estruturadas; Scheiner (2001)
Quantidades mínimas exigidas para fabricação.	Entrevistas não estruturadas
Dimensão do mercado.	Entrevistas não estruturadas
Criatividade na concepção do produto.	Entrevistas não estruturadas
Capacidade de resposta de fornecedores.	Entrevistas não estruturadas
Equipa de vendas da sua empresa.	Entrevistas não estruturadas
Comunicação com o cliente.	Entrevistas não estruturadas

NOTA: Itens avaliados numa escala de 5 pontos de (1) = nada importante a (5) = muito importante.

Grande parte das dificuldades potenciais foram identificadas através de entrevistas não estruturadas e, como tal, poderão ser específicas do mercado português. O facto de muitas das empresas entrevistadas subcontratarem o fabrico dos seus produtos no estrangeiro (designadamente no Oriente), cria dificuldades quando se torna necessário fazer face atempadamente a rupturas de *stock*. Pelo mesmo motivo, os *timings* de colocação do produto no mercado – desde a contratação da licença até ao início da venda – são muito longos, prejudicando gravemente alguns programas de licenciamento (em especial atendendo a que estamos na presença de licenças de curto prazo). De destacar, ainda, que a reduzida dimensão do mercado português aumenta o risco da actividade de licenciamento, pois o licenciado tem frequentemente que fabricar uma quantidade mínima que justifique o lançamento de uma nova linha de produto.

A forte concentração da distribuição em Portugal diminui o poder negocial das equipas de vendas das empresas licenciadas, tornando por vezes difícil a colocação de produtos no mercado.

6.2.2.5. *Avaliação da Implementação de Programas de Licenciamento*

De seguida é avaliado o grau de satisfação das empresas com programas de licenciamento já implementados. Para tal são usados os itens apresentados no ponto anterior (escala de 5 pontos de (1) = muito insatisfeito a (5) = muito satisfeito).

Por fim é feita a avaliação global com a questão "Como avalia globalmente a importância da actividades de licenciamento da sua empresa?." Pediu-se ao inquirido que fizesse esta avaliação "no presente" e "no futuro", utilizando uma escala de 5 pontos, de (1) = nada importante a (5) = muito importante.

6.2.3. **Pré-Teste do Questionário**

Foi efectuado um pré teste do questionário a dez empresas seleccionadas, com base em critérios como: (1) a dimensão da empresa

Metodologia e recolha de dados

(número de trabalhadores e volume de negócios) e (2) características dos decisores. Não foi sentida a necessidade de se efectuarem alterações substanciais ao questionário testado.

6.3. AMOSTRAGEM

Para este estudo foi seleccionada uma amostra por conveniência intencional, da qual fazem parte licenciados de uma estação de televisão nacional. Foram incluídas todas as empresas licenciadas com quem a estação de televisão mantém contacto e que tivessem efectuado, pelo menos, um programa de licenciamento.

Atendendo a que este estudo pretende focar o licenciamento de marcas e personagens para o desenvolvimento de produtos ou linhas de produtos, da amostra fazem parte unicamente licenciados fabricantes (fabricação própria ou subcontratada). Foram, assim, excluídas empresas que contratam licenças com o objectivo de efectuar promoções, prestadoras de serviços, bem como retalhistas e grande distribuição. Foram seleccionadas 35 empresas a actuar nas diferentes categorias de produtos licenciados já identificadas.

6.4. RECOLHA DE DADOS

Todos os questionários foram enviados por e-mail, precedidos de um telefonema a solicitar a colaboração e que antecipava genericamente os objectivos do estudo. Os questionários foram auto-administrados. Foram obtidas 26 respostas o que corresponde a uma taxa de resposta de 74,3%.

7. ANÁLISE DE DADOS

A análise dos dados obtidos que apresentados em seguida foi feita com recurso ao software SPSS 12. Foram utilizadas diversas técnicas estatísticas.

7.1. **CONSIDERAÇÕES PRELIMINARES**

São diversas as categorias de produtos licenciados em que a empresa licenciada pode operar, nomeadamente: jogos e brinquedos; vídeo e música; *publishing*; comidas e bebidas; acessórios; papelaria e produtos de papel; material escolar; cuidados de saúde; e beleza e têxtil.

Importa referir que a actividade de licenciamento das empresas a actuar no mercado do vídeo e música apresenta especificidades em relação à das empresas a operar nos restantes mercados. Para as primeiras quase todo o produto colocado no mercado é produto licenciado.

Mercado da música. No mercado da música operam essencialmente editoras discográficas filiais de multinacionais cuja oferta é na sua maioria produtos licenciados, designadamente discos de artistas internacionais e DVD's (licenciamento de artistas) e compilações (usando marcas licenciadas de empresas, produtos, serviços e eventos). São excepção ao licenciamento os discos de artistas nacionais. A análise das respostas à pergunta aberta do questionário constata isso mesmo, sendo referido pela maioria dos inquiridos neste sector que as suas empresas funcionam como filiais de multinacionais e, como tal, o licenciamento de artistas estrangeiros quase se confunde com a actividade global destas empresas. As licenças são contratadas internacionalmente e só pontualmente são adquiridas algumas licenças em exclusivo para Portugal com o objectivo de preenchimento de determinados nichos de mercado ou aproveitamento de oportunidades específicas.

Mercado do vídeo. Verifica-se uma situação semelhante no mercado do vídeo, onde o produto colocado no mercado é, também, maioritariamente licenciado (obras cinematográficas e, ocasionalmente, licenciamento de eventos ou programas de televisão). No entanto, e ao contrário das editoras discográficas, não estamos a referir-nos maioritariamente a empresas multinacionais, sendo a opção de licenciamento uma decisão das próprias empresas inquiridas.

Análise do mercado do "vídeo e música" versus mercado das "restantes categorias." Atendendo a estas considerações, decidimos separar a análise de dados das empresas inquiridas a operar no mercado do "vídeo e da música" da análise das "restantes categorias." Pelo facto da maioria dos produtos colocados no mercado pelas primeiras serem licenciados e do poder de decisão estar muitas vezes fora do seu âmbito de actuação, pareceu-nos que só assim evitaríamos enviesar a interpretação das respostas ao questionário. Do total de 26 questionários recebidos, 8 (30,8%) referem-se a empresas inquiridas a operar no mercado do "vídeo e da música" e 18 (69,2%) a empresas a operar nos "restantes mercados."

7.2. PERFIL DAS EMPRESAS INQUIRIDAS

Com objectivo de traçar um perfil das empresas inquiridas recolhemos informação considerada relevante sobre a empresa objecto de análise e sobre a pessoa que preencheu o inquérito. Foi, assim, compilada informação sobre: actividades a que a empresa inquirida se dedica, volume de vendas e perfil demográfico e sócio-profissional do inquirido (sexo, idade, nível de instrução e função desempenhada na empresa).

Análise de dados 87

7.2.1. Actividades das Empresas Inquiridas e Volume de Vendas em 2003

Vídeo e música: Das oito empresas inquiridas, 25% têm fabricação própria (2 empresas), 50% subcontratam a fabricação (4 empresas) e 87,5% dedicam-se à distribuição (apenas uma empresa recorre a terceiros para distribuir o seu produto). Nesta sub-amostra verificou-se também que 37,5% das empresas inquiridas (3 empresas) registou em 2003 um volume de vendas entre 6 e 10 milhões de € e 25% (2 empresas) entre 21 e 25 milhões de € (Quadro 7.1).

Restantes categorias: Das dezoito empresas inquiridas nas "restantes categorias" para além do "vídeo e música," 77,8% têm fabricação própria (14 empresas), 55,6% fabricação subcontratada (10 empresas) e 55,6% dedicam-se à distribuição (10 empresas); apenas 5,6% (1 empresa) têm loja própria. Quando questionadas acerca do volume de vendas, uma inquirida respondeu *não sabe* (*missing value*). Das restantes dezassete, 52,9% (9 empresas) registaram um volume de vendas entre os 0 e 5 milhões de € (Quadro 7.1).

QUADRO 7.1
Perfil das empresas inquiridas

Actividades e Volume de Vendas	*Vídeo e Música (N=8)*		*Restantes Categorias (N=18)*	
	N	%	N	%
Actividades a que a empresa se dedica				
Fabricação própria	2	25,0	14	77,8
Fabricação subcontratada	4	50,0	10	55,6
Distribuição	7	87,5	10	55,6
Vendas (loja própria)	-	-	1	5,6
Volume de vendas em 2003				
0-5 milhões	1	12,5	9	52,9
6-10 milhões	3	37,5	4	23,5
11-15 milhões	-	-	-	-
16-20 milhões	1	12,5	1	5,9
21-25 milhões	2	25,0	-	-
superior 25 milhões	1	12,5	3	17,6

7.2.2. Perfil Demográfico e Sócio – Profissional do Inquirido

Da análise do perfil demográfico e sócio – profissional dos indivíduos que completaram o questionário deste estudo verificamos que 88,5% dos inquiridos são do sexo masculino, contra apenas 11,5% do sexo feminino. Relativamente à idade, 65,4% têm idades compreendidas entre os 25 e os 44 anos; 7,7% têm menos de 24 anos; e os restantes mais de 45. Quanto ao nível de escolaridade, 73,1% têm licenciatura; 19,2% bacharelato; e os restantes 7,6% ensino médio ou secundário (correspondente a apenas 2 inquiridos). Para terminar, em relação às funções que desempenham na empresa, 46,2% são directores comerciais ou de *marketing*; 26,9% gerentes; 11,5% são gestores de produto; 3,8% gestores de marca; e os restantes cerca de 11% directores gerais, administradores ou responsáveis financeiros. Em síntese, estamos na presença maioritariamente de homens com idades compreendidas entre 25 e os 44 anos, com licenciatura e que desempenham funções na empresa que dão garantias de que são conhecedores dos tópicos em análise (Quadro 7.2).

QUADRO 7.2

Perfil demográfico e sócio – profissional dos inquiridos

Elemento demográfico ou sócio – profissional			N	%
Sexo	Masculino		23	88,5
	Feminino		3	11,5
		Total	*26*	*100*
Idade	<24		2	7,7
	25-34		8	30,8
	35-44		9	34,6
	45-54		5	19,2
	>55		2	7,7
		Total	*26*	*100*
Escolaridade	Licenciatura		19	73,1
	Bacharelato		5	19,2
	Secundário		1	3,8
	Médio		1	3,8
		Total	*26*	*100*
Função	Director Comercial/Mkt		12	46,2
	Gerente		7	26,9
	Gestor Produto		3	11,5
	Gestor Marca		1	3,8
	Director Geral		1	3,8
	Administrador		1	3,8
	Responsável Financeiro		1	3,8
		Total	*26*	*100*

7.3. CARACTERIZAÇÃO GERAL DA ACTIVIDADE DE LICENCIAMENTO

Todas as empresas inquiridas já efectuaram pelo menos uma vez um programa de licenciamento. Com o objectivo de caracterizar a actividade de licenciamento destas empresas iremos descrever os tópicos seguintes: categorias de produtos licenciados em que as empresas operam; principais tipos de licenças contratadas; número aproximado de licenças contratadas nos últimos anos; peso da venda de produtos licenciados no volume global de negócios e existência ou não de departamento de licenciamento.

7.3.1. Categorias de Produtos Licenciados

Detalhando as categorias de produto licenciado em que a empresa opera, 30,8% (8 empresas) oferecem produtos licenciados nas categorias de vídeo e música; 26,9% (7 empresas) nas categorias de jogos e brinquedos e 15,4% (4 empresas) papelaria e produtos de papel. Em seguida, com o peso de 11,5% (3 empresas) aparecem as categorias de livros e revistas e têxtil, seguindo-se comidas e bebidas e material escolar com 7,7% (2 empresas) e, por fim, com 3,8% (1 empresa) as categorias de acessórios e de cuidados de saúde e beleza (Figura 7.1).

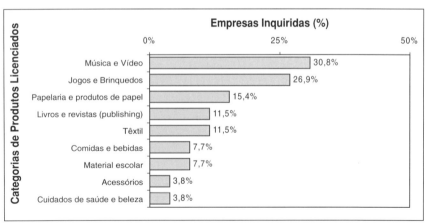

FIGURA 7.1 – **Categorias de produtos licenciados das empresas inquiridas (N = 26)**

7.3.2. Tipo de Licenças Contratadas

Constata-se que os principais tipos de licenças contratadas pelas empresas participantes neste estudo foram: personagens de televisão (61,5%); personagens de banda desenhada (34,6%); personagens de filmes de cinema (30,8%); e música (30,8%). Segue-se, com uma diferença considerável, o licenciamento de marcas (de empresas, produtos e serviços) (19,2%), licenças relacionadas com desporto (19,2%), eventos e obras cinematográficas (7,7%) e por fim licenciamento de personalidades (3,8%) (Figura 7.2).

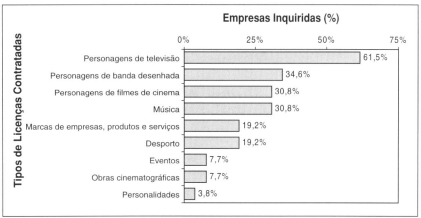

FIGURA 7.2 – **Tipos de licenças contratadas pelas empresas inquiridas (N = 26)**

Recordando que o nosso estudo destaca o licenciamento de marcas e personagens (de televisão, banda desenhada e cinema), da análise da Figura 7.2 é interessante constatar o enorme peso do licenciamento de personagens na amostra, quando comparado com o licenciamento de marcas.

Se analisarmos separadamente o tipo de licenças contratadas no mercado do "vídeo e música" e nos "restantes," os resultados são muito diferentes. Na sub-amostra "vídeo e música," do total de oito empresas inquiridas, 6 (75%) licenciam música; 2 (25%) obras cinematográficas; e outras 2 (25%) marcas de empresas, produtos e serviços (Figura 7.3).

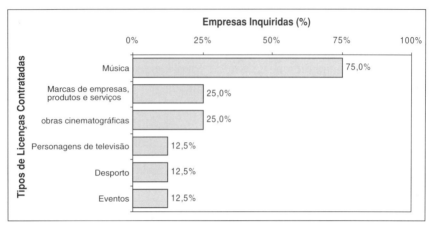

FIGURA 7.3 – **Tipos de licenças contratadas na categoria de "vídeo e música" (N = 8)**

Nas "restantes categorias," das 18 empresas que responderam ao questionário, 15 (83,3%) licenciam personagens de televisão; 9 (50%) personagens de banda desenhada; e 8 (44,4%) personagens de filmes de cinema. De destacar a importância do licenciamento de personagens, quando comparado com o licenciamento de marcas que regista apenas 3 casos (16,7%) (Figura 7.4).

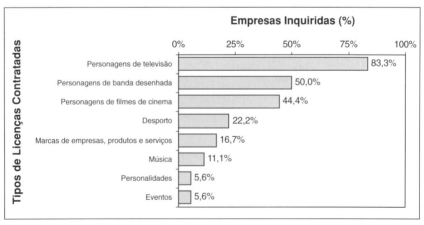

FIGURA 7.4 – **Tipos de licenças contratadas nas "restantes categorias" (N = 18)**

7.3.3. **Número de Licenças Contratadas**

Outro elemento que ajuda a caracterizar a actividade de licenciamento das empresas inquiridas é o número médio de licenças contratadas anualmente por estas empresas. Tendo em conta as considerações preliminares (ponto 7.1), será de esperar que as empresas no mercado do "vídeo e da música" contratem um número de licenças consideravelmente superior quando comparadas com as empresas a actuar nos "restantes mercados," aparentemente menos dependentes da actividade de licenciamento.

Em termos médios, as empresas de *vídeo e música* contrataram 312 licenças em 2003 e 300 em 2002, enquanto as 18 empresas inquiridas a operar nas *restantes categorias* contrataram em 2003 em média 3,89 licenças e em 2002 3,72 licenças (Quadro 7.3).

QUADRO 7.3
Valor médio de licenças contratadas em 2002 e 2003
"vídeo e música" (N = 8) e "restantes categorias" (N = 18)

Ano	*Licenças Contratadas (Média)*	
	Vídeo e Música	**Restantes Categorias**
2003	**312**	**3,9**
2002	**300**	**3,7**

As empresas inquiridas nas categorias de "vídeo e música" contratam um número consideravelmente superior de licenças, o que se compreende pelo facto da maioria dos produtos oferecidos serem licenciados.

7.3.4. Peso da Venda de Produtos Licenciados

Dado que os produtos lançados pelas empresas de "vídeo e música" são na sua maioria produtos licenciados, interessa aqui fazer o confronto desse mercado com as "restantes categorias" objecto deste estudo.

Vídeo e música: Para 25% das empresas inquiridas (2 empresas) representa 70% a 79% do volume global de negócios; para 50% (4 empresas) representa 80% a 89% e para as restantes 25% (2 empresas) mais de 90%. Em todos os casos o peso da venda de produtos licenciados é superior a 70% do colume global de negócios das inquiridas (Figura 7.5 e Quadro 7.4).

Restantes categorias: Das 18 inquiridas, uma respondeu não sabe (*missing value*). Das restantes 17, 47,1% (8 inquiridas) referem que os produtos licenciados representam 0% – 9% do volume global de negócios da empresa (Figura 7.5 e Quadro 7.4).

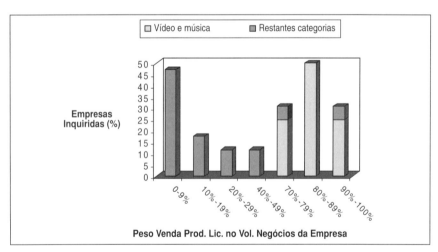

FIGURA 7.5 – **Peso da venda de produtos licenciados no volume global de negócios da empresa em 2003 – "vídeo e música" (N = 8)** *versus* **"outras categorias" (N = 18)**

Quadro 7.4

**Peso da venda de produtos licenciados no volume global
de negócios da empresa em 2003 "vídeo e música" (N = 8)
versus "outras categorias" (N = 18)**

Peso	Vídeo e Música		Restantes Categorias		Total	
	N	%	N	%	N	%
0-9%	-	-	8	47,1	8	32,0
10-19%	-	-	3	17,6	3	12,0
20-29%	-	-	2	11,8	2	8,0
30-39%	-	-	-	-	-	-
40-49%	-	-	2	11,8	2	8,0
50-59%	-	-	-	-	-	-
60-69%	-	-	-	-	-	-
70-79%	2	25,0	1	5,9	3	12,0
80-89%	4	50,0	1	5,9	5	16,0
90-100%	2	25,0	-	-	2	12,0
Total	**8**	**100**	**17**	**100**	**25**	**100**

De facto o volume de negócios das empresas a actuar no mercado de "vídeo e música" revela bastante mais dependência da venda de produtos licenciados que o das empresas nos "restantes mercados." Esta constatação poderá ser a justificação para que no mercado de "vídeo e música" 5 das 8 empresas inquiridas tenham um departamento que trata exclusivamente de questões relacionadas com o licenciamento (62,5%), enquanto nas "restantes categorias" 13 das 18 inquiridas não têm departamento exclusivamente para o licenciamento (72,2%) (Quadro 7.5).

QUADRO 7.5

Existência de departamento exclusivamente para licenciamento

	Vídeo e Música		Restantes Categorias	
Departamento exclusivamente para licenciamento	N	%	N	%
Sim	5	**62,5**	5	27,8
Não	3	37,5	13	**72,2**

7.4. CRITÉRIOS DE SELECÇÃO DE PROGRAMAS DE LICENCIAMENTO

Feita a caracterização geral da actividade de licenciamento, procurámos identificar quais os critérios mais salientes para as empresas objecto de estudo na avaliação de programas de licenciamento.

7.4.1. Grau de Importância de Diferentes Critérios na Selecção de uma Licença

O grau de importância dos critérios na selecção de uma licença é aqui expresso pela média atribuída aos diferentes critérios analisados. A sua apresentação será feita por ordem decrescente de importância. Ter-se-á como valores de referência o valor médio da escala e o índice de importância global dos critérios de selecção de uma licença. Este índice resulta da média aritmética das variáveis que compõem a escala e permite avaliar se os critérios assumem a mesma importância no mercado de "vídeo e música" e nos "restantes mercados." Os critérios mais relevantes são aqueles que apresentarem valores acima deste índice e/ou do valor médio da escala.

Vídeo e música: Para este mercado os critérios mais salientes, por ordem decrescente de importância, são: o grau de aceitação pelo retalho/distribuição; o valor atribuído à licença; e o preço a pagar pela licença. Qualquer um destes critérios tem média superior à média do índice de importância global (média aritmética das variáveis que compõem a escala, que para este mercado é de 3.5). Com médias inferiores a este índice surgem os critérios: quantidades mínimas exigidas para fabricação face à dimensão do mercado; duração da licença em termos de curto e médio ou longo prazo; e custo de investigação e desenvolvimento de produto. Os dois últimos, cuja média é inferior ao valor neutro da escala (3), são considerados pouco importantes (Quadro 7.6).

Restantes categorias: Para as restantes categorias, aparece-nos como critério mais saliente o valor atribuído à licença, seguido por ordem decrescente de importância: a duração da licença; o grau de aceitação pelo retalho/distribuição; e o preço a pagar pela licença. Estes quatro critérios apresentam valores superiores à média do índice de importância global dos critérios de selecção de uma licença (3,94). Nenhum dos critérios tem média inferior ao valor neutro da escala, sendo como tal todos considerados importantes (Quadro 7.6).

QUADRO 7.6

Avaliação da importância atribuída a diferentes critérios na selecção de uma licença – "vídeo e música" (N = 8) e "restantes categorias" (N = 18)

Critérios de Selecção de uma Licença (*)	*Vídeo e Música*		*Restantes Categorias*	
	Importância Média	Desvio Padrão	Importância Média	Desvio Padrão
Grau de aceitação pelo retalho/distribuição	4,50	0,76	4,28	1,07
Valor atribuído à licença	3,75	1,17	4,56	0,78
Preço a pagar pela licença	3,63	0,74	4,11	0,96
Orçamento para investimento em licenciamento	3,50	1,20	3,56	0,92
Quantidades mínimas exigidas para fabricação face dimensão mercado	3,00	1,51	3,56	1,34
Duração da licença (CP ou MLP)	2,88	1,13	4,44	0,92
Custos de I&D de produto	2,63	1,19	3,72	0,90
Índice de importância global	**3,50**	**0,53**	**3,94**	**0,54**

(*) Avaliado com recurso a uma escala de 5 pontos de (1) = nada importante a (5) = muito importante.

De modo a facilitar a análise comparativa das duas sub-amostras, é apresentado o gráfico da Figura 7.6, onde é possível visualizar o grau médio de importância atribuído a cada critério de selecção de licenças, para cada um dos mercados, "vídeo e música" e "restantes categorias." As principais diferenças entre médias verificam-se no valor atribuído à licença, duração da licença (curto prazo ou médio e longo prazo) e custos de investigação e desenvolvimento, assumindo estes critérios em média menor importância no mercado do "vídeo e música." A diferença verificada entre as médias dos índices de importância global de cada sub-amostra revela que as empresas no mercado de "vídeo e música" atribuem em média menor importância aos critérios apresentados, do que as empresas a operar nas "restantes categorias."

FIGURA 7.6 – **Importância média dos critérios de selecção de uma licença: comparação entre "vídeo e música" (N = 8) e "restantes categorias" (N = 18)**

NOTA: Critérios avaliados com recurso a uma escala de 5 pontos de (1) = nada importante a (5) = muito importante.

Se pensarmos no tipo de produtos licenciados pelas empresas de "vídeo e música," designadamente CD's e DVD's, facilmente se compreende que estes tenham custos de I&D baixos quando comparados com outro tipo de produtos (e.g., brinquedos, doces ou têxteis), seja ao nível da concepção do próprio produto, seja da embalagem. A duração da licença também assume menor relevância para as empresas na categoria de "vídeo e música," dado o tipo de licenças contratadas por estas empresas (essencialmente artistas internacionais, obras cinematográficas e marcas de empresas, produtos e serviços), quando comparadas com o tipo de licenças contratadas pelas "restantes inquiridas" (per-sonagens de cinema, televisão ou banda desenhada, com períodos de duração em regra mais curtos – licenças de curto prazo).

7.4.2. Critérios na Selecção de uma Licença: Análise de Frequências

Com o objectivo de complementar a análise anterior recorremos a uma análise de frequências do grau de importância atribuído pelas empresas inquiridas aos indicadores da questão 7. No entanto, após a análise de tabelas de frequências considerando as variáveis ori-ginais, decidimos recodificar as variáveis em apenas três escalões: (1) baixa importância (inclui da codificação original 1 = nada importante e 2 = pouco importante); (2) importante; e (3) elevada importância (inclui da codificação original 4 = bastante importante e 5 = muito importante).

Vídeo e música: Concluímos que 87.5% dos inquiridos consi-deram o grau de aceitação pelo retalho/distribuição um critério de ele-vada importância; segue-se o valor atribuído à licença, o preço a pagar pela licença, as quantidades mínimas exigidas para fabricação face à dimensão do mercado e o *budget* de investimento em licenciamento, com 50 % das respostas. A duração da licença é considerada por 62,5% dos inquiridos importante e por 25% de reduzida importância. O critério com maior percentagem de inquiridos a atribuírem baixa importância (50%) é o custo de I&D, o que se compreende dadas as características destes produtos (CD's e DVD's) como referido anteriormente na análise da Figura 7.6 (Figura 7.7).

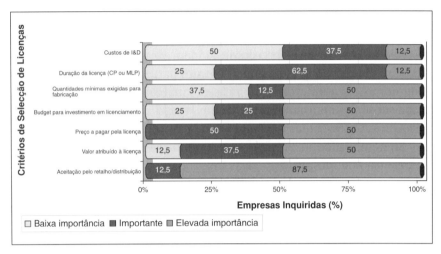

FIGURA 7.7 – **Análise de frequências para o grau de importância atribuído a diferentes critérios de selecção de uma licença na categoria "música e vídeo" (N = 8)**

Restantes categorias: 94.4% dos inquiridos considera o valor atribuído à licença um critério com elevada importância na selecção de uma licença, seguindo-se com 83,3% a duração da licença e o grau de aceitação pelo retalho/distribuição e com 72.2% o preço a pagar pela licença. Com maior percentagem de inquiridos a atribuírem baixa importância surge o critério quantidades mínimas face à dimensão do mercado (22,2%) apesar de 61.1% considerarem este critério muito importante. Esta questão das quantidades mínimas face à dimensão do mercado depende entre outros do tipo de produto licenciado e dos custos de I&D, sendo expectável que algumas inquiridas cujos produtos têm baixos custos de I&D atribuam a este critério baixa importância (Figura 7.8).

Análise de dados

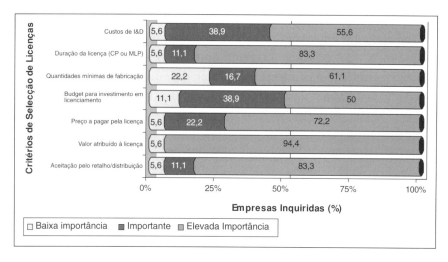

FIGURA 7.8 – **Análise de frequências para o grau de importância atribuída a diferentes critérios de selecção de uma licença nas "restantes categorias" (N = 18)**

7.5. MOTIVAÇÃO PARA O ENVOLVIMENTO EM PROGRAMAS DE LICENCIAMENTO

De seguida iremos analisar os factores que motivaram as empresas inquiridas a entrarem em programas de licenciamento.

7.5.1. Motivação para o Licenciamento: Grau de Importância das Razões para o Licenciamento

Vídeo e música: As razões apontadas para o recurso ao licenciamento com médias mais elevadas são, por ordem decrescente, as seguintes: aumento da quota de mercado; aumento da rendibilidade; diferenciação da oferta face à concorrência; aumento das vendas; melhorar a aceitação da marca pelos canais de distribuição; entrada em novos canais de distribuição; e lançamento de novas linhas de produto. Qualquer um destes critérios tem média superior ou igual à média do índice de importância global (3,75). De referir que o facto de o índice ser superior à média da escala (3) demonstra que em média os factores enumerados são considerados importantes. Destacam-se com médias inferiores a 3 (pouco importantes), por ordem decrescente de importância, as seguintes razões: melhorar a resposta do cliente à publicidade e outras acções promocionais da marca; reforço da imagem das marcas da própria empresa licenciada; aumento da notoriedade das marcas da empresa licenciada; posicionamento das marcas da própria empresa licenciada; possibilidade de praticar um preço elevado (*premium*) ao tornar o cliente menos sensível ao preço; e aumento da notoriedade da empresa licenciada (Quadro 7.7).

Restantes categorias: Os principais factores motivadores da opção pelo licenciamento são, por ordem decrescente de importância, os seguintes: aumento das vendas; aumento da quota de mercado; aumento da rendibilidade; diferenciação da oferta da empresa face à concorrência; e lançamento de novas linhas de produto. Todas estas razões apresentam valores médios de importância acima do índice de importância global das razões para o licenciamento (3,72). Com média inferior surge a entrada em novos canais de distribuição e possibilidade de praticar um preço *premium* (pouco importantes) (Quadro 7.7).

Análise de dados 103

QUADRO 7.7
Motivação para o licenciamento: análise do grau de importância dos factores motivadores – "vídeo e música" (N = 8) e "restantes categorias" (N = 18)

Razões para o licenciamento (*)	Vídeo e Música		Restantes Categorias	
	Importância Média	Desvio Padrão	Importância Média	Desvio Padrão
Aumento da quota de mercado	4,88	0,354	4,28	0,958
Aumento da rendibilidade	4,75	0,463	4,17	1,043
Diferenciação da oferta da empresa face à concorrência	4,75	0,463	4,17	0,985
Aumento das vendas	4,75	0,463	4,44	0,856
Melhorar a aceitação da marca pelos canais de distribuição	4,13	0,835	3,61	0,698
Entrada em novos canais de distribuição	4,00	1,069	2,94	1,110
Lançamento de novas linhas de produto	3,75	1,581	3,83	1,295
Preenchimento de nichos de mercado	3,62	0,916	3,50	1,200
Reforçar a percepção do cliente quanto à qualidade do produto	3,50	1,195	3,17	0,985
Aumentar o envolvimento emocional do cliente com a marca	3,38	1,188	3,11	0,963
Lançamento de novas categorias de produto	3,38	1,598	3,22	1,309
Reforço da participação dos canais de distribuição na divulgação dos produtos e iniciativas da marca	3,38	0,916	3,44	0,616
Entrada em novos mercados/segmentos de mercado	3,37	1,408	3,56	0,705
Preço baixo do licenciamento comparado com custo desenvolver uma marca/ personagem nova.	3,00	1,414	3,67	1,138
Melhorar a resposta do cliente à publicidade e a outras acções promocionais da marca.	2,88	1,246	3,11	1,079
Reforço imagem das marcas da empresa licenciada	2,75	1,389	3,56	1,149
Aumento de notoriedade das marcas da empresa licenciada	2,62	1,302	3,50	0,985
Posicionamento das marcas da empresa licenciada	2,50	1,414	3,72	1,127
Possibilidade de praticar um preço elevado (*premium*) ao tornar cliente menos sensível ao preço	2,38	1,188	2,89	1,367
Aumento de notoriedade da empresa licenciada	2,38	1,061	3,61	0,979
Índice de importância global	**3,75**	**0,707**	**3,72**	**0,575**

(*) Avaliação com recurso a uma escala de 5 pontos de (1) = nada importante a (5) = muito importante.

7.5.2. Motivação para o Licenciamento: Análise de Frequências das Razões para o Licenciamento

A análise de frequências do grau de importância das razões para o licenciamento foi efectuada após recodificação das variáveis originais em três dimensões: (1) baixa importância (que inclui da codificação original 1 = nada importante e 2 = pouco importante); (2) importante e (3) elevada importância (que inclui da codificação original 4 = bastante importante e 5 = muito importante).

Vídeo e música: Desta análise destacam-se os seguintes factores considerados de elevada importância (100% de respostas): aumento das vendas, aumento da rendibilidade e aumento da quota de mercado. Todas estas motivações são resultados finais ambicionados pela generalidade das empresas. Destaca-se ainda com 100% dos inquiridos a considerarem muito importante a diferenciação da oferta face à concorrência, e com 75% entrada em novos canais de distribuição e melhorar a aceitação da marca pelos canais de distribuição. Os critérios considerados pelos inquiridos como sendo de baixa importância são o posicionamento das marcas da empresa licenciada com 62.5% das respostas e o aumento de notoriedade das marcas e da empresa com 50% das respostas; 50% dos inquiridos consideram importante o reforço da participação dos canais de distribuição na divulgação de produtos e iniciativas da marca e a possibilidade de praticar um preço *premium* (Figura 7.9).

Restantes categorias: 88.9% dos inquiridos consideram que os seguintes factores motivadores têm elevada importância na opção pelo licenciamento: aumento da quota de mercado; aumento das vendas; e diferenciação da oferta face à concorrência. Segue-se, com 77.8 %, o aumento da rendibilidade e o lançamento de novas linhas de produto. A entrada em novos canais de distribuição e a possibilidade de praticar um preço *premium* são factores considerados por 38.9% dos inquiridos pouco importantes. Esta última razão apresenta, contudo, igual percentagem de empresas a considerarem-na muito importante (Figura 7.10).

Análise de dados 105

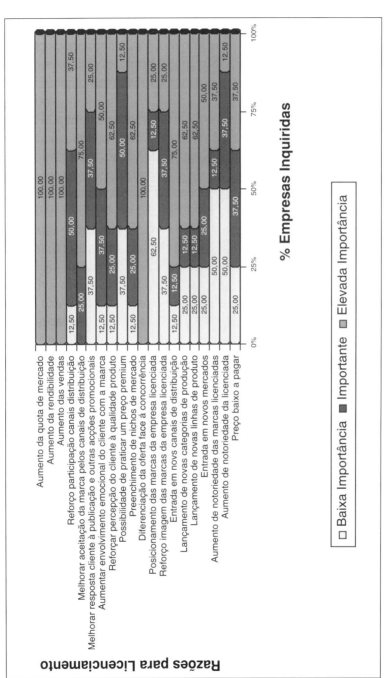

FIGURA 7.9 – **Motivação para o licenciamento: análise de frequências do grau de importância de cada factor motivador no mercado de "música e vídeo" (N = 8)**

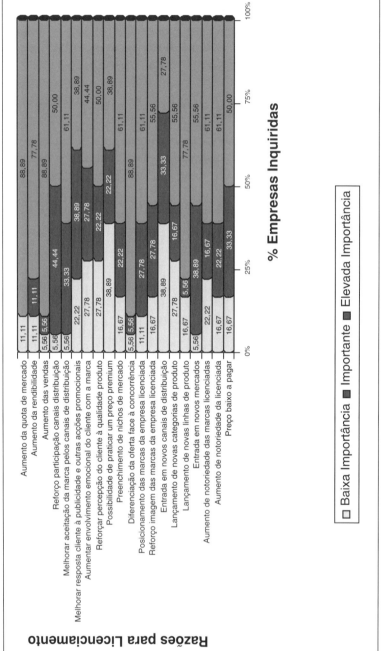

FIGURA 7.10 – **Motivação para o licenciamento: análise de frequências do grau de importância de cada factor motivador nas "restantes categorias" (N = 18)**

Análise de dados 107

Na revisão de literatura efectuada nos capítulos anteriores referimos diversas vezes que não se deve medir o sucesso de um programa de licenciamento apenas pelo volume de vendas gerado. Apesar disso, muitos licenciados fabricantes recorrem frequentemente a estratégias de licenciamento essencialmente com o objectivo de aumentar as vendas do seu produto; tal parece indicar que as diversas empresas privilegiam motivações de curto prazo em detrimento da implementação de programas de licenciamento de médio e longo prazo.

Constatámos que as empresas que fazem parte da amostra apontam como principais razões para o licenciamento o aumento das vendas, o aumento da quota de mercado e o aumento da rendibilidade, apesar de também se destacarem como muito importantes razões como a diferenciação da oferta, o lançamento de novas linhas de produto, ou o posicionamento e notoriedade das marcas das empresa licenciada. Em termos genéricos, estas últimas assumem maior importância para as empresas inquiridas a actuar fora do mercado de "vídeo e música."

7.6. IMPLEMENTAÇÃO DE PROGRAMAS DE LICENCIAMENTO

Após a caracterização geral da actividade de licenciamento das empresas inquiridas, da análise dos critérios de selecção de licenças e de estudadas as motivações das empresas inquiridas para se envolverem em programas de licenciamento, pretende-se de seguida analisar aspectos associados à implementação destes programas. Para esse efeito, iremos analisar as seguintes variáveis: (1) tempo necessário ao desenvolvimento de um programa de licenciamento; (2) locais de venda de produtos licenciados; (3) importância da distribuição na implementação de estratégias de licenciamento; (4) tipos de comunicação efectuada pelas empresas e investimento em comunicação de produtos licenciados comparado com outros produtos não licenciados; e (5) análise das principais dificuldades à implementação bem sucedida de programas de licenciamento.

7.6.1. Tempo Médio para o Desenvolvimento de Programas de Licenciamento

Foi colocada às 26 empresas inquiridas uma questão sobre o tempo médio necessário ao desenvolvimento de um programa de licenciamento – desde a contratação da propriedade até ao início das vendas. As respostas variam entre 1 e 18 meses. O tempo médio de respostas para as 26 empresas inquiridas é de 5,56 meses.

Vídeo e música: Para este mercado, o tempo médio necessário ao desenvolvimento de um programa de licenciamento é 5,13 meses. Apenas 12.5% dos inquiridos demoram mais de 8 meses (Quadro 7.8 e Figura 7.11).

Restantes categorias: Estas empresas demoram em média 5,75 meses a desenvolver um programa de licenciamento. Apesar de apenas 11,2% demorarem mais de 8 meses, a frequência é bastante acentuada entre os 4 e os 6 meses inclusive (ao contrário do "vídeo e música" em que a distribuição assume maior frequência nos meses mais baixos, entre 1 e 3 meses) (Quadro 7.8 e Figura 7.12).

O tempo necessário para desenvolver um programa de licenciamento é directamente influenciado pelo tempo requerido para o desenvolvimento e fabricação do produto licenciado. Em geral, o tempo necessário para o desenvolvimento de CD's e DVD's é menor do que para outro tipo de produtos (e.g., jogos ou brinquedos, relógios e têxteis). Talvez por este motivo se verifique que 75% das empresas a actuar no mercado de "vídeo e música" não demorem por norma mais de quatro meses desde a contratação à venda

QUADRO 7.8

Tempo médio necessário à implementação de um programa de licenciamento, em meses

Categoria	N	Tempo médio (meses)	Desvio padrão
Música e vídeo	8	5,13	5,643
Restantes categorias	18	5,75	3,366

Análise de dados 109

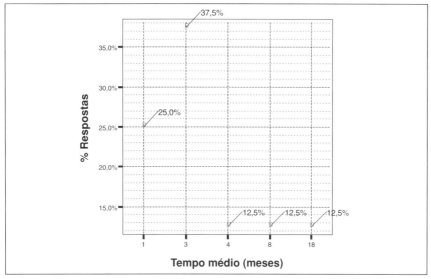

FIGURA 7.11 – **Tempo médio necessário para o desenvolvimento de um programa de licenciamento na categoria de "vídeo e música" (N = 8)**

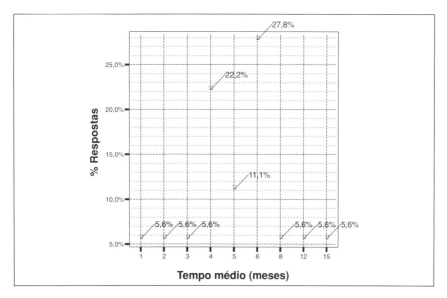

FIGURA 7.12 – **Tempo médio necessário para o desenvolvimento de um programa de licenciamento nas "restantes categorias" (N = 18)**

7.6.2. **Locais de Venda de Produtos Licenciados**

Além dos locais de venda de produtos licenciados sugeridos na resposta do questionário (retalho tradicional, supermercados, grandes superfícies e grossistas), foram acrescentados pelos inquiridos as seguintes: pequenos armazéns, retalho especializado, *rack jobbers*, bombas de gasolina, *free shops*, *internet* e quiosques.

Conclui-se que 88,5% dos inquiridos vendem para grandes superfícies, sendo o local de venda com maior peso, seguido pelo retalho tradicional com 69,2%. De seguida destacam-se os supermercados (42,3%), os grossistas (42,3%) e os pequenos armazenistas (11,5%). Cada um dos restantes locais de venda representa 3,8% das respostas (corresponde a 1 caso, no total de 26 inquiridos).

Vídeo e música: Todas as empresas inquiridas vendem para grandes superfícies; 75% para retalho tradicional; 50% para supermercados; 37,5% para grossistas; e 25% para pequenos armazenistas. Nenhuma vende para bombas de gasolina ou *free shops* (Quadro 7.9).

Restantes categorias: 83,3% das empresas inquiridas vendem para grandes superfícies; 66,7% para retalho tradicional; 44,4% para grossistas; e 38,9% para supermercados (Quadro 7.9).

QUADRO 7.9
Locais de venda de produtos licenciados

Locais de Venda de Produtos Licenciados	*Vídeo e Música (N=8)*		*Restantes Categorias (N=18)*	
	N.º Empresas	%	N.º Empresas	%
Retalho tradicional	6	**75,0**	12	**66,7**
Supermercados	4	**50,0**	7	38,9
Grandes superfícies	8	**100**	15	**83,3**
Grossistas	3	37,5	8	44,4
Pequenos armazenistas	2	25,0	1	5,6
Retalhistas especializados	1	12,5	-	-
Rack Jobbing	1	12,5	-	-
Free shops	-	-	1	5,6
Internet	1	12,5	1	5,6
Quiosques	1	12,5	-	-

7.6.3. **Impacto da Distribuição na Actividade de Licenciamento**

Um dos principais desafios que o futuro coloca ao licenciamento é tentar compreender como os retalhistas vêem esta actividade. A pressão colocada pelos retalhistas, preocupados com a cada vez maior sobreposição de licenças no mercado (sobretudo as que têm origem em filmes de cinema e televisão) e com o sucesso das suas marcas próprias, ajuda a compreender a importância que os aspectos relacionados com a distribuição assumem para os licenciados (Scheiner, 2001).

7.6.3.1. *Impacto da Distribuição*

Neste ponto iremos avaliar a percepção dos inquiridos quanto ao impacto que diversos aspectos relacionados com a distribuição têm na actividade de licenciamento das suas empresas (e.g., distribuição demasiado concentrada nas mãos de um pequeno número de empresas). Chama-se aqui a atenção para o tipo de escala utilizada e seus valores. Não se trata de uma escala de importância, como as anteriormente referidas, mas de uma escala de avaliação de impacto. É uma escala de 5 pontos de 1 = forte impacto negativo; a 5 = forte impacto positivo; o ponto neutro da escala (3) significa que é irrelevante.

De notar ainda que a média do índice de impacto global dos aspectos relacionados com a distribuição é inferior ao ponto médio da escala (3), o que não acontecia anteriormente. Isto significa que as empresas inquiridas consideram que os aspectos relacionados com a distribuição referidos têm, em termos médios, impacto negativo na actividade de licenciamento da empresa. Dado que o objectivo de construção desta escala era exactamente medir o impacto negativo que as questões da distribuição assumem, e que são referidos na literatura e nas entrevistas não estruturadas como uma das maiores dificuldades e desafios ao futuro desta actividade,

112 Licenciamento de marcas e personagens

os valores do índice inferiores a 3 mostram-se satisfatórios (Quadro 7.10).

QUADRO 7.10
Índice de impacto global dos aspectos relacionados com a distribuição na actividade de licenciamento das empresas

Categoria	N	Índice de impacto global (média) (*)	Desvio padrão
Música e vídeo	8	2,75	1,035
Restantes categorias	18	2,66	0,686

(*) Escala de 5 pontos de (1) = forte impacto negativo a (5) = forte impacto positivo.

O facto da média do índice de impacto global ser inferior no caso das empresas a actuar nos "restantes mercados" (2,66), quando comparada com o mercado do "vídeo e da música" (2.75), significa que para esta sub-amostra os aspectos relacionados com a distribuição, em geral, têm impacto mais negativo e portanto constituem uma maior preocupação.

Vídeo e música: Os aspectos com valores médios acima de 3 revelam impacto positivo para as empresas inquiridas; destacam-se para esta sub-amostra os seguintes aspectos relacionados com a distribuição: distribuição valoriza produtos licenciados que se diferenciam pela qualidade e/ou inovação; distribuição aposta em marcas próprias para concorrer com produtos licenciados; distribuição coloca entraves à entrada de produtos baseados em licenças de curto prazo. Facilmente se compreende que estes aspectos não constituam dificuldade para as empresas inquiridas, designadamente porque este tipo de licenças (e.g., artistas internacionais) não são de curto prazo e por outro lado não são facilmente diferenciáveis por factores como a qualidade e a inovação. Também não é viável a distribuição desenvolver marcas próprias em produtos com estas características (CD e DVD) (Quadro 7.11).

Um aspecto considerado irrelevante (média igual a três) para as inquiridas desta sub-amostra é a pouca preocupação das empresas em envolver a distribuição nas suas estratégias de licenciamento (Quadro 7.11).

Destacando os aspectos que constituem uma preocupação para as empresas inquiridas na implementação de programas de licenciamento (impacto negativo), surgem os seguintes: a distribuição está demasiado concentrada e dá preferência a licenças internacionais, o que diminui o poder negocial dos inquiridos; e a distribuição argumenta excesso de oferta de produtos licenciados – pensemos no número de licenças contratadas anualmente pelas empresas a actuar neste mercado e cuja oferta se confunde quase com produtos baseados em licenças (mais de 300 licenças/ano). De destacar ainda que a distribuição centra as suas decisões unicamente nas margens, levando as inquiridas a terem de repensar formas de envolver a distribuição nesta actividade o que constitui o grande desafio ao futuro do licenciamento (Quadro 7.11).

Quadro 7.11
Avaliação do impacto de constrangimentos potenciais colocados pela distribuição à actividade de licenciamento da empresa licenciada "vídeo e música" (N = 8)

Aspectos relacionados com distribuição (*)	Impacto Média (**)	Desvio Padrão
A distribuição valoriza produtos licenciados que se diferenciem positivamente das alternativas existentes no mercado, pela qualidade e/ou inovação	3,75	0,886
Distribuição aposta cada vez mais em marcas próprias para concorrer com produtos licenciados	3,13	1,126
Distribuição coloca entraves à entrada de produtos baseados em licenças de curto prazo	3,13	0,835
Há pouca preocupação por parte da sua empresa de envolvimento da distribuição nas estratégias de licenciamento.	3,00	1,195
Distribuição dá preferência a licenças internacionais (face a nacionais).	2,87	1,126
Distribuição demasiado concentrada nas mãos de um pequeno número de empresas.	2,75	1,581
Critério de decisão de compra da distribuição unicamente centrado nas próprias margens.	2,63	1,302
A distribuição argumenta existir excesso de oferta de produtos licenciados.	2,63	1,188
Equipas de vendas têm fraco poder negocial junto à distribuição.	2,00	1,195
Índice de Impacto Global	**2,75**	**1,035**

(*) Avaliação com recurso a uma escala de 5 pontos de (1) = forte impacto negativo a (5) = forte impacto positivo.

(**) Chama-se a atenção para que valores baixos traduzem impacto negativo e valores altos impacto positivo.

Restantes categorias: Nesta sub-amostra, constatamos que o aspecto da distribuição com média superior é o facto desta valorizar produtos licenciados que se diferenciam pela qualidade e/ou inovação; este aspecto da distribuição tem portanto para as empresas inquiridas um impacto positivo podendo ser revelador de que estas apostam em I&D. À semelhança da sub-amostra anterior, a pouca preocupação das empresas em envolver a distribuição nas suas estratégias de licenciamento é um aspecto irrelevante. Todos os restantes aspectos relacionados com a distribuição têm geralmente um impacto negativo, destacando-se o facto das equipas de vendas terem fraco poder negocial junto da distribuição; os entraves da distribuição às licenças de curto prazo e o excesso de oferta de produtos licenciados no retalho são também factores com impacto negativo.

Todos estes aspectos com impacto negativo para as empresas inquiridas coincidem em ambos mercados e são várias vezes referidos na literatura (Quadro 7.12).

QUADRO 7.12

Avaliação do impacto de constrangimentos potenciais colocados pela distribuição à actividade de licenciamento da empresa licenciada – "restantes categorias" (N = 18)

Aspectos relacionados com distribuição (*)	Impacto Média (**)	Desvio Padrão
A distribuição valoriza produtos licenciados que se diferenciem positivamente das alternativas existentes no mercado, pela qualidade e/ou inovação	4,00	0,970
Há pouca preocupação por parte da sua empresa de envolvimento da distribuição nas estratégias de licenciamento.	3,00	0,907
Critério de decisão de compra da distribuição unicamente centrado nas próprias margens.	2,61	0,698
Distribuição demasiado concentrada nas mãos de um pequeno número de empresas	2,56	1,149
Distribuição aposta cada vez mais em marcas próprias para concorrer com produtos licenciados	2,50	0,924
Distribuição dá preferência a licenças internacionais (face a nacionais).	2,44	1,042
A distribuição argumenta existir excesso de oferta de produtos licenciados.	2,39	0,85
Distribuição coloca entraves à entrada de produtos baseados em licenças de curto prazo	2,33	1,029
Equipas de vendas têm fraco poder negocial junto à distribuição.	2,17	1,043
Índice de Impacto Global	**2,67**	**0,686**

NOTA: (*) Avaliação com recurso a uma escala de 5 pontos de (1) = forte impacto negativo a (5) = forte impacto positivo.

Se analisarmos a diferença entre as médias de cada uma das sub-amostras, dos constrangimentos potenciais colocados pela distribuição, ocorrem algumas diferenças que interessa destacar (Figura 7.13):

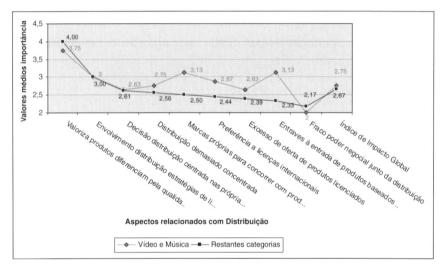

FIGURA 7.13 – **Impacto da distribuição na actividade de licenciamento da empresa licenciada: avaliação pelas empresas a operar no mercado de "vídeo e música" (N = 8)** *versus* **"restantes categorias" (N = 18)**

NOTA: Avaliação com recurso a uma escala de 5 pontos de (1) = forte impacto negativo a (5) = forte impacto positivo

(1) As características da oferta das empresas inquiridas no mercado do "vídeo e música" (grande parte da actividade destas empresas é produto licenciado, e.g., licenciamento de artistas e obras cinematográficas), levam a que o desenvolvimento de marcas próprias pela distribuição para concorrer com marcas licenciadas não seja para estas uma preocupação (média 3,13; impacto positivo). Nos restantes mercados tem impacto negativo (média 2,5), ou seja, a distribuição desenvolve marcas próprias para concorrer com produtos licenciados (e.g., *Rick e Rock* no Jumbo/Pão de Açúcar).

Análise de dados 117

(2) Os entraves colocados pela distribuição à entrada de produtos baseados em licenças de curto prazo assume impacto positivo na sub-amostra vídeo e música (3,13), mas tem impacto negativo nas restantes categorias (2,33). Tal facto compreende-se pelas características dos produtos licenciados pelas empresas de "vídeo e música" (CD's e DVD's) e pelo tipo de licenças contratadas (artistas e obras cinematográficas), maioritariamente de curto prazo.

7.6.3.2. *Análise de Frequências do Impacto de Constrangimentos Colocados pela Distribuição à Actividade de Licenciamento das Empresas Licenciadas*

Uma vez mais optámos por recodificar as variáveis em três dimensões, a partir da codificação das variáveis originais: (1) elevado impacto negativo (que inclui 1 = forte impacto negativo e 2 = impacto negativo), (2) irrelevante e (3) elevado impacto positivo (que inclui 4 = impacto positivo e 5 = forte impacto positivo). As principais conclusões decorrem da leitura dos quadros e gráficos que se seguem (Figura 7.14 e Figura 7.15).

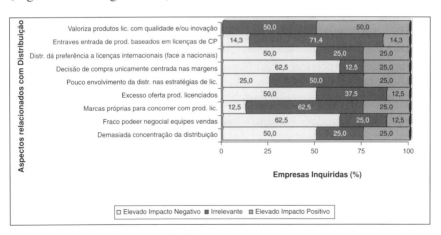

FIGURA 7.14 – **Análise de frequências do impacto de constrangimentos colocados pela distribuição na actividade de licenciamento das empresas licenciadas a operar no mercado do "vídeo e música" (N = 8)**

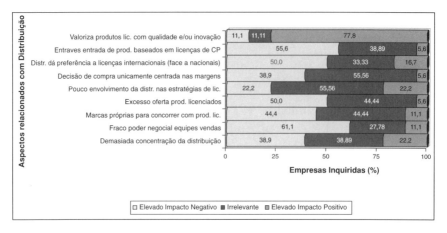

FIGURA 7.15 – **Análise de frequências do impacto de constrangimentos colocados pela distribuição na actividade de licenciamento das empresas licenciadas a operar nas "restantes categorias" (N = 18)**

7.6.4. Comunicação dos Produtos Licenciados

Vamos analisar neste ponto informação relativa aos principais tipos de comunicação efectuados pelas empresas licenciadas, bem como os montantes de investimento que estas empresas efectuam em comunicação de produtos licenciados, quando comparado com comunicação de produtos não licenciados.

7.6.4.1. *Tipos de Comunicação para os Produtos Licenciados*

Vídeo e música: Todas as empresas inquiridas investem em televisão, 87,5% em imprensa, 75% em *outdoors* e 62,5% em rádio e em promoções (Figura 7.16).

Restantes categorias: 44,4% das empresas inquiridas investem em televisão, 38,9% em promoções, 33,3% em imprensa e igual percentagem em salões e feiras; 11,1% não efectua comunicação (Figura 7.16).

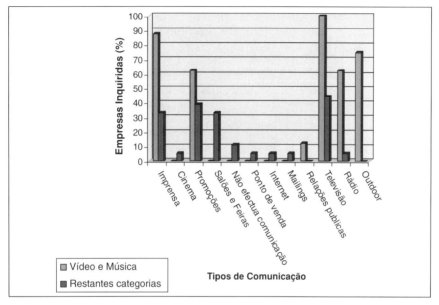

Figura 7.16 – **Tipos de comunicação utilizada para produtos licenciados: "vídeo e música" (N = 8) *versus* "restantes categorias" (N = 18)**

Constata-se que as empresas de "vídeo e música" investem consideravelmente mais em televisão, rádio, imprensa e *outdoors* do que as "restantes categorias," ou seja, utilizam meios de comunicação com maior cobertura.

7.6.4.2. *Investimento em Comunicação dos Produtos Licenciados*

Vídeo e música: 62,5% dos inquiridos efectuam investimento em comunicação semelhante ao dos produtos não licenciados; 25% faz investimento superior ao dos produtos não licenciados e apenas 12,5% (um inquirido) investe menos do que em produtos não licenciados (Figura 7.17).

Restantes categorias: 55,6% das empresas investem montantes semelhantes ao dos produtos não licenciados, 22,2% investem mais na comunicação de produtos licenciados do que não licenciados, e os restantes 22,2% não investem em comunicação ou investem menos (Figura 7.17).

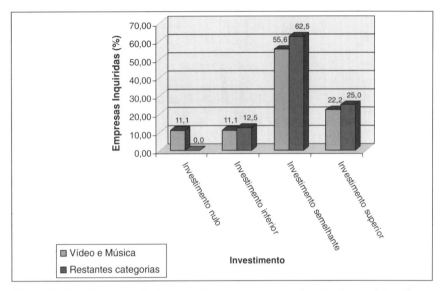

FIGURA 7.17 – **Comparação do investimento em comunicação de produtos licenciados face a restantes produtos disponibilizados: análise comparativa "vídeo e música" (N = 8) *versus* "restantes categorias" (N = 18)**

O motivo pela qual algumas empresas inquiridas investem menos em comunicação de produtos licenciados do que de produtos não licenciados poderá derivar do facto dos primeiros terem por base licenças (e.g., marcas ou personagens) com elevado grau de notoriedade e prestígio junto do consumidor. No entanto, a questão da comunicação a levar a cabo pelo licenciado tende a ser de extrema importância para garantir o sucesso da licença. Susan Bashford (2003b, p. 16) dá um conselho claro às empresas licenciadas:

> "Once you've shopped around and decided on a property that fits your brand and your objectives, you need to get behind the property and support it with *marketing* spend. The worst thing to do is acquire the rights and then do nothing. Make sure the property you are buying have a marketing budget allocated."

Análise de dados 121

Nas duas amostras analisadas só ocasionalmente as empresas inquiridas investem montantes superiores na comunicação de produtos licenciados *versus* produtos não licenciados, optando na maioria dos casos por investimentos semelhantes.

7.6.5. Áreas de Dificuldade da Actividade de Licenciamento

Para terminar as questões relacionadas com a implementação de programas de licenciamento, resta-nos analisar algumas dificuldades genéricas que se colocam às empresas licenciadas.

O valor médio do índice de importância global de um conjunto de dificuldades apresentadas nesta questão (3,63 e 3,89 para vídeo e música e restantes categorias respectivamente) permite-nos concluir que as dificuldades identificadas no questionário assumem importância para as empresas inquiridas (Quadro 7.13).

QUADRO 7.13

**Índice de importância global de um conjunto
de dificuldades sentidas pelas empresas licenciadas**

Categoria	*N*	*Média*	*Desvio padrão*
Música e Vídeo	8	3,63	0,74
Restantes Categorias	18	3,89	0,58

Vídeo e música: Nesta categoria as principais dificuldades da actividade de licenciamento são: antecipação das preferências dos clientes; fazer face rapidamente a rupturas de *stock*; tempo até à colocação do produto no mercado; equipa de vendas da própria empresa licenciada; comunicação com o cliente; e criatividade na concepção do produto. Aspectos considerados pouco importantes são por ordem decrescente de importância: os custos de investigação e desenvolvimento e as quantidades mínimas exigidas para fabricação (Quadro 7.14).

QUADRO 7.14
Análise das áreas de potencial dificuldade da actividade de licenciamento: "vídeo e música" (N = 8)

Dificuldades ao Licenciamento (*)	Média	Desvio Padrão
Antecipar as preferências do cliente	4,25	0,886
Fazer face rapidamente a rupturas de stock	4,13	0,641
Tempo até à colocação do produto no mercado	4,13	1,126
Equipa de vendas da empresa	4,13	0,991
Comunicação com cliente	4,13	0,835
Criatividade na concepção de produto	4,00	1,069
Montante a pagar de *royalties* de licenciamento	3,75	1,035
Colocação de produto na distribuição/retalho	3,75	1,282
Capacidade de resposta de fornecedores	3,75	1,165
Dimensão do mercado	3,50	1,195
Custos de I&D	2,75	1,282
Quantidades mínimas exigidas para fabricação	2,62	1,302
Índice de Importância Global	**3,63**	**0,744**

NOTA: (*) Avaliação com recurso a uma escala de 5 pontos de (1) = nada importante a (5) = muito importante.

Da análise de frequências,[23] constata-se que 87.5% dos inquiridos consideram uma dificuldade importante fazer face rapidamente a

---

[23] Procedemos novamente a recodificação das variáveis originais em três dimensões: (1) baixa importância (que inclui da codificação original 1 = nada importante e 2 = pouco importante); (2) importante e (3) elevada importância (que inclui da codificação original 4 = bastante importante e 5 = muito importante).

rupturas de stock, e 75% destacam as seguintes dificuldades: antecipar as preferências dos clientes; tempo até à colocação do produto no mercado; criatividade na concepção do produto; e comunicação com o cliente. Com baixa importância, destacam-se as quantidades mínimas exigidas para fabricação e os custos de investigação e desenvolvimento, respectivamente com 62.5% e 50% dos inquiridos a considerarem-nas de baixa importância (Figura 7.18).

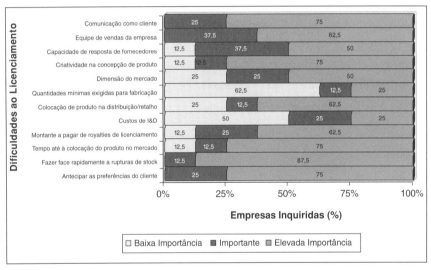

FIGURA 7.18 – **Áreas de dificuldade da actividade de licenciamento para as empresas no mercado do "vídeo e música" (N = 8)**

Restantes categorias: As dificuldades da actividade de licenciamento mais salientes são: dimensão do mercado, criatividade na concepção do produto, tempo até à colocação de produto no mercado e montante de *royalties* de licenciamento a pagar. Note-se que todas as médias são superiores ao valor neutro da escala (3), o que significa que todas as dificuldades são consideradas importantes para esta sub-amostra (Quadro 7.15).

QUADRO 7.15
Análise das áreas de potencial dificuldade da actividade de licenciamento: "restantes categorias" (N = 18)

Dificuldades ao Licenciamento (*)	Média	Desvio Padrão
Antecipar as preferências do cliente	4,25	0,886
Fazer face rapidamente a rupturas de stock	4,13	0,641
Tempo até à colocação do produto no mercado	4,13	1,126
Equipa de vendas da empresa	4,13	0,991
Comunicação com cliente	4,13	0,835
Criatividade na concepção de produto	4,00	1,069
Montante a pagar de *royalties* de licenciamento	3,75	1,035
Colocação de produto na distribuição/retalho	3,75	1,282
Capacidade de resposta de fornecedores	3,75	1,165
Dimensão do mercado	3,50	1,195
Custos de I&D	2,75	1,282
Quantidades mínimas exigidas para fabricação	2,62	1,302
Índice de Importância Global	**3,63**	**0,744**

NOTA: (*) Avaliação com recurso a uma escala de 5 pontos de (1) = nada importante a (5) = muito importante.

Da análise da Figura 7.19 verifica-se que as principais dificuldades são as seguintes: dimensão do mercado (94,4 % das respostas); criatividade na concepção dos produtos (83.3%); tempo até à colocação do produto no mercado (72.2%); e colocação de produto na distribuição/retalho (72.2%).

Análise de dados

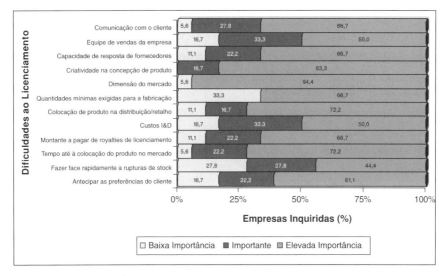

FIGURA 7.19 – **Áreas de dificuldade da actividade de licenciamento para as empresas a actuar nos "restantes mercados" (N = 18)**

Comparando as médias registadas na categoria "vídeo e música" e "restantes categorias," verificamos que se destacam como dificuldades mais relevantes para empresas a actuar nas restantes categorias (médias mais elevadas), as seguintes: dimensão do mercado, quantidades mínimas e custos de investigação e desenvolvimento. As duas últimas são mesmo consideradas pouco importantes para as empresas de "vídeo e música" (média inferior a três), enquanto para as "restantes categorias" são bastante importantes. Equipas de vendas da empresa licenciada e fazer face a rupturas de stock são dificuldades mais relevantes para as empresas inquiridas a actuar no mercado do "vídeo e música" (Figura 7.20).

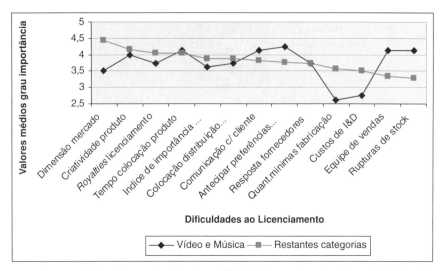

FIGURA 7.20 – **Importância das dificuldades colocadas à actividade de licenciamento: análise comparativa do mercado de "vídeo e música" (N = 8) *versus* "restantes categorias" (N = 18)**

NOTA: (*) Avaliação com recurso a uma escala de 5 pontos de (1) = nada importante a (5) = muito importante.

Sería expectável que os custos de I&D, a dimensão do mercado e as quantidades mínimas exigidas fossem relevantes para empresas a actuar nas "restantes categorias," o que se confirmou. Aliás recorde-se que na análise dos critérios de selecção de licenças os custos de I&D foram apontados pelas empresas a actuar no mercado de "vídeo e música" como pouco importantes, e as quantidades mínimas foram consideradas importantes mas com valor médio três (valor neutro da escala). Estes dois factores estão fortemente relacionados, na medida em que quanto maiores forem os custos para desenvolvimento de um produto, maiores serão as quantidades que terão de ser vendidas e, portanto, fabricadas para justificar o investimento no produto.

Em relação a fazer face a rupturas de stock, não sería de esperar que fosse mais importante para empresas de vídeo e música como se constata, na medida em que estas empresas inquiridas, ao contrários das restantes, não recorrem tanto a subcontratação de fabricação fora do país que gera muitas vezes atrasos consideráveis no transporte dos produtos licenciados comprometendo prazos de entrega.

7.7. AVALIAÇÃO DA IMPLEMENTAÇÃO DE PROGRAMAS DE LICENCIAMENTO

Vamos em seguida avaliar a implementação de programas de licenciamento nas empresas inquiridas através da análise do grau de satisfação destas empresas com a implementação de programas de licenciamento. Esta avaliação será efectuada com recurso aos mesmos itens considerados na análise das motivações para o licenciamento.

Complementaremos esta avaliação com a análise da importância que o licenciamento tem no negócio das empresas inquiridas, no presente e no futuro.

7.7.1. Avaliação dos Programas de Licenciamento

Da análise das respostas à questão oito do questionário – motivações para o envolvimento em programas de licenciamento – concluímos que o aumento das vendas, quota de mercado e rendibilidade são as que as empresas inquiridas mais referem para justificar o recurso ao licenciamento, apesar de também terem sido apontadas outras tais como a diferenciação face à concorrência e o posicionamento e notoriedade das suas marcas. A escala utilizada pretende avaliar graus de satisfação: (1) do muito insatisfeito ao (5) muito satisfeito, sendo três o ponto neutro.

Vídeo e música: Nesta sub-amostra o índice de satisfação global (igual a 4) sugere que estes inquiridos estão bastante satisfeitos com os programas de licenciamento levados a cabo pelas suas empresas.

Todas as razões para o recurso ao licenciamento consideradas apresentam valores médios superiores ao valor neutro da escala (3), o que indica que as inquiridas, em média, não revelam insatisfação relativamente a qualquer dos fins que pretendiam alcançar. Destacam-se com valores médios de satisfação mais elevados, e acima do índice de satisfação global, os seguintes: aumento da rendibilidade, aumento do envolvimento emocional do cliente com a marca, diferenciação da oferta face à concorrência e lançamento de novas linhas de produto. Estas são algumas das principais razões que estas inquiridas apontaram na análise das motivações para o licenciamento (ver conclusões da questão oito). A avaliação feita revela que o recurso ao licenciamento se mostra satisfatório para estas empresas, e que os principais fins que as levam a optar por programas de licenciamento são alcançados (Figura 7.21).

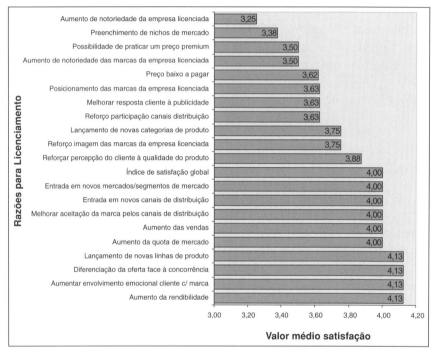

FIGURA 7.21 – **Grau de satisfação das empresas de "vídeo e música" com programas de licenciamento implementados (N = 8)**

Restantes categorias: A média do índice de satisfação para os inquiridos desta amostra é comparativamente inferior (3,5) em relação às empresas a actuar no mercado de vídeo e música, destacando-se com médias mais elevadas: diferenciação da oferta; o aumento das vendas; melhor aceitação pelos canais de distribuição; reforço da imagem das marcas e posicionamento da empresa licenciada; aumento da quota de mercado; reforço da percepção do cliente à qualidade dos produtos; aumento da notoriedade da empresa licenciada. Todas as razões apontadas têm valores de satisfação positiva, com excepção da possibilidade de praticar preços *premium*, razão apontada na questão oito como pouco importante (Figura 7.22).

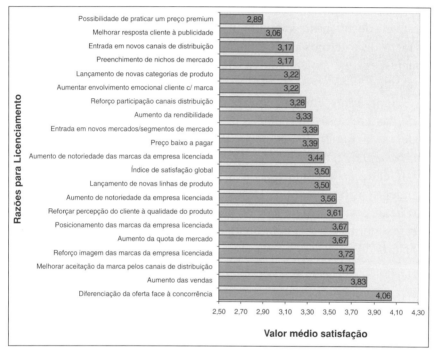

FIGURA 7.22 – **Grau de satisfação das empresas das "restantes categorias" com programas de licenciamento implementados (N = 18)**

Assim, a avaliação da implementação de programas de licenciamento é comparativamente mais satisfatória para as empresas a actuar nas categorias de vídeo e música, exactamente a sub-amostra em que a actividade principal das empresas quase se confunde com a actividade de licenciamento. Tal facto não é de estranhar se recordarmos ainda que, em média, as empresas de "vídeo e música" consideram as dificuldades ao licenciamento analisadas mais importantes do que as empresas nas "restantes categorias."

7.7.2. Análise Correlacional entre Variáveis de Efeito Final – Rendibilidade, Vendas e Quota de Mercado – e Factores Potencialmente Influenciadores. Regressão *Stepwise*

Com o objectivo de avaliar a relação existente entre as diferentes variáveis desta questão, decidimos efectuar uma análise de correlação. O facto de estarmos na presença de uma amostra pequena limita as conclusões que possam advir da análise de correlação a que nos propomos.

Se tivermos em conta que entre os objectivos últimos da generalidade das empresas licenciadas estão aumentar as vendas, a rendibilidade ou a quota de mercado, estas três variáveis de efeito final *(outcomes)* merecem especial atenção. Fomos analisar a associação que existe entre cada uma destas três variáveis e diversos factores potencialmente influenciadores. Destaca-se o factor "reforço da percepção do cliente quanto à qualidade do produto" com uma associação positiva forte (superior a 0,83) com qualquer das três variáveis de efeito final. (Quadro 7.16).

Quadro 7.16

Aumento da rendibilidade, vendas e quota de mercado resultantes de programas de licenciamento: análise correlacional com factores potencialmente influenciadores (N = 26)

Factores Potencialmente Influenciadores das Variáveis Finais	Rendibilidade	Vendas	Quota mercado
Reforçar percepção do cliente quanto à qualidade do produto	**0,851****	**0,834****	**0,888****
Posicionamento das marcas da empresa licenciada	0,608**	0,583**	0,728**
Reforço imagem das marcas da empresa licenciada	0,557**	0,581**	0,538**
Entrada em novos canais de distribuição	0,552**	0,502**	0,444*
Possibilidade de praticar um preço *premium*	0,528**	0,603**	0,456*
Melhorar aceitação da marca pelos canais de distribuição	0,515**	0,691**	0,655**
Entrada em novos mercados/segmentos de mercado	0,488*	0,562**	0,595**
Melhorar resposta cliente à publicidade e outras acções promocionais da marca	0,461*	0,582**	0,520**
Aumentar envolvimento emocional do cliente com a marca	0,459*	0,444*	0,32
Lançamento de novas linhas de produto	0,412*	0,519**	0,481*
Preenchimento de nichos de mercado	0,396*	0,553**	0,34
Preço baixo a pagar comparado com custo desenvolver uma marca (ou personagem) nova	0,376	0,359	0,297
Lançamento de novas categorias de produto	0,373	0,544**	0,417*
Reforço participação canais distribuição na divulgação dos produtos e iniciativas da marca	0,367	0,374	0,315
Aumento de notoriedade das marcas da empresa licenciada	0,239	0,264	0,298
Aumento de notoriedade da empresa licenciada	0,137	0.305	0.261
Diferenciação da oferta face à concorrência	0,054	0.192	0,167

* *A correlação é significativa no nível 0.05 (2 tailed)*
** *A correlação é significativa no nível 0.01 (2 tailed)*

Destacando as correlações fortes (valores superiores a 0.4) entre cada uma das variáveis finais – aumento da rendibilidade, vendas e quota de mercado – e os factores potencialmente influenciadores, obtemos as Figuras 7.23, 7.24 e 7.25. Os factores potencialmente influenciadores de cada variável final são apresentados por ordem decrescente de grandeza.

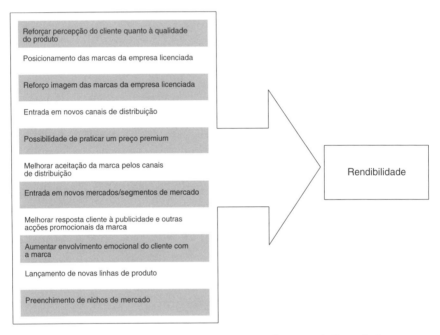

FIGURA 7.23 – **Aumento da rendibilidade: factores influenciadores com relação correlacional forte (N = 26)**

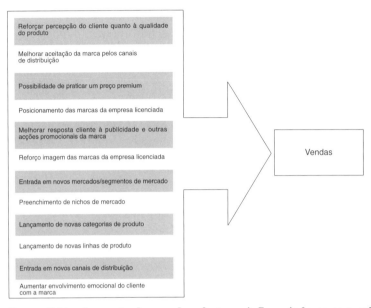

Figura 7.24 – **Aumento das vendas: factores influenciadores com relação correlacional forte (N = 26)**

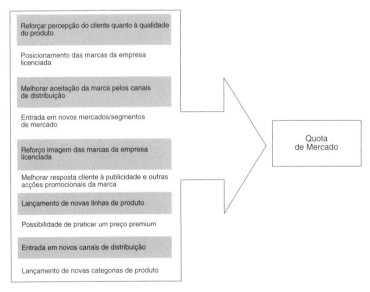

Figura 7.25 – **Aumento da quota de mercado: factores influenciadores com relação correlacional forte (N = 26)**

Decidimos criar um índice de satisfação composto pela média das variáveis de efeito final – aumento da rendibilidade, vendas e quota de mercado – que designaremos por I_1. Através da análise da relação entre I_1 e os diversos factores potencialmente influenciadores, constatamos de novo o destaque que o reforço da percepção do cliente quanto à qualidade do produto assume com um coeficiente de correlação considerado muito forte (0.834) (Quadro 7.17).

QUADRO 7.17

Correlação entre o índice de efeito final I_1 (rendibilidade, vendas e quota de mercado) e factores potencialmente influenciadores (N = 26)

Factores Potencialmente Influenciadores	*Coeficiente de correlação*
Reforçar percepção do cliente quanto à qualidade do produto	**0.834****
Posicionamento das marcas da empresa licenciada	0,626**
Possibilidade de praticar um preço *Premium*	0,591**
Entrada em novos canais de distribuição	0,577**
Entrada em novos mercados/segmentos de mercado	0,573**
Reforço imagem das marcas da empresa licenciada	0,551**
Lançamento de novas linhas de produto	0,532**
Melhorar aceitação da marca pelos canais de distribuição	0,532**
Melhorar resposta cliente à publicidade e outras acções promocionais da marca	0,519**
Preenchimento de nichos de mercado	0,503**
Lançamento de novas categorias de produto	0,471*
Aumentar envolvimento emocional do cliente com a marca	0,445
Preço baixo a pagar comparado com custo desenvolver uma marca (ou personagem) nova	0,372
Reforço participação canais distribuição na divulgação dos produtos e iniciativas da marca	0,321
Aumento de notoriedade das marcas da empresa licenciada	0,253
Aumento de notoriedade da empresa licenciada	0,205
Diferenciação da oferta face à concorrência	0,176

* *A correlação é significativa no nível 0.05 (2 tailed)*
** *A correlação é significativa no nível 0.01 (2 tailed)*

Análise de dados 135

Posto isto fomos efectuar uma regressão *stepwise* para complementar a análise de correlação. Trata-se de um procedimento de regressão que permite seleccionar de entre um número elevado de variáveis independentes (*predictors*) as que mais contribuem para explicar a variação da variável dependente. R^2 é a proporção de variação da variável dependente explicada pelo modelo de regressão (os valores de R^2 variam entre 0 e 1; valores próximos de 1 indicam que o modelo representa bem a população); como R^2 tende a ser uma previsão optimista do grau de adequação do modelo à população, R^2 ajustado procura corrigir R para reflectir com mais aproximação a adequação do modelo à população.

Consideremos como variável dependente I_1 e como variáveis independentes os factores potencialmente influenciadores; a regressão gerou um modelo final com apenas uma variável independente – reforço da percepção do cliente à qualidade do produto – que explica 68,3% da variação da variável dependente (Quadro 7.18).

QUADRO 7.18

**Regressão *stepwise* para o índice de efeito final I_1
(rendibilidade, vendas e quota de mercado) (N = 26)**

Modelo	R	R^2	R^2 ajustado
1	0,834[a]	0,696	0,683

[a] *Predictors: (Constant), Reforçar percepção do cliente quanto à qualidade do produto*

7.7.3. Avaliação da Importância do Licenciamento no Negócio das Empresas, no Presente e no Futuro

Por fim, pretende-se avaliar o grau de importância da actividade de licenciamento no negócio das empresas, considerando tanto o presente como o futuro.

No mercado do "vídeo e música" constata-se que a actividade de licenciamento tem enorme importância, na actividade das empresas licenciadas no presente, sendo o valor médio de 4,75 (próximo do valor máximo da escala, 5). Este resultado era expectável se considerarmos, uma vez mais, que a oferta destas empresas é em larga medida produto licenciado; constatámos que estas empresas contratam anualmente um número elevado de licenças e que o peso da venda de produtos licenciados no volume global de negócios se situa entre os 70% e os 100%. Para o futuro não se prevê uma alteração significativa desta situação, mantendo-se o valor médio de importância do licenciamento igual a 4,75.

A título complementar, constate-se que 87,5% dos inquiridos consideram esta actividade muito importante no presente; no futuro, 75% respondem que será muito importante e 25% que será bastante importante (Figura 7.26).

Os resultados não são tão expressivos se analisarmos a importância da actividade de licenciamento das empresas a actuar nas "restantes categorias". Em termos médios, o licenciamento no presente é considerado importante, com valor médio de 3,67, mas bastante inferior ao mercado do vídeo e música (4,75). Prevê-se no futuro o aumento da importância desta actividade para o negócio destas empresas, como demonstra o valor médio acima de quatro (4,06). Pode ser considerado um indicador de que estas empresas pretendem apostar na contratação de maior número de licenças no futuro e, como tal, dedicar mais atenção a esta actividade.

A análise de frequências de resposta bastante importante e muito importante é inferior às constatadas para mercado do vídeo e música, mas ainda assim bastante expressivas. Com 50% de respostas bastante importante e 16,7% muito importante, a importância desta actividade no presente; cerca de 17% consideram pouco importante. No futuro,

Análise de dados 137

nenhum inquirido responde pouco importante, considerando 33% que será importante e os restantes bastante ou muito importante (Figura 7.26).

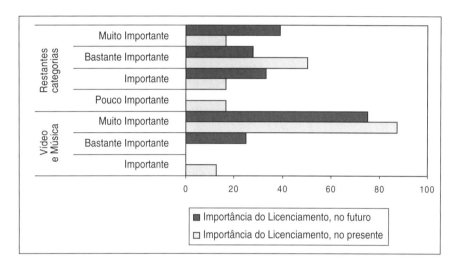

FIGURA 7.26 – **Importância do licenciamento no negócio das empresas, no presente e no futuro – "vídeo e música" (N = 8) e "restantes categorias" (N = 18)**

SUMÁRIO, CONCLUSÕES, CONTRIBUTOS E LIMITAÇÕES

1. O licenciamento tem vindo a assumir uma importância crescente como instrumento de *marketing* e impulsionador de receitas para as partes envolvidas, num contexto em que as empresas têm focado a sua atenção no valor dos seus activos intangíveis. O licenciamento assume, assim, um papel de destaque quando se pretende valorizar as marcas e seus elementos.

Por este motivo, torna-se fundamental garantir a protecção legal das propriedades e do licenciamento enquanto actividade. O CDADC e o CPI (designadamente através das recentes alterações introduzidas pelo Decreto-Lei de 5 de Março de 2003) garantem a admissibilidade jurídica desta actividade conferindo maior segurança aos diversos participantes neste negócio.

Decidimos focar em particular (1) o licenciamento de *personagens* e *marcas* por serem os tipos de licenças maioritariamente negociadas e (2) na perspectiva do *licenciado fabricante*, por ser este quem mais recorre à contratação de licenças com o objectivo de diferenciar a sua oferta da concorrência através do lançamento de novos produtos. As estatísticas existentes relativas à venda de produtos licenciados nos principais mercados mundiais, designadamente E.U.A., Canadá, Reino Unido e Alemanha justificam a nossa opção. Os E.U.A. em conjunto com o Canadá representam 66,1% das vendas mundiais e os principais tipos de licenças negociadas nestes países são as marcas (que representam 25% do volume total de vendas de produtos licenciados) e personagens (19%). No Reino Unido e Alemanha o peso do licenciamento de marcas é de 12,5% e 8,6%, respectivamente. O licenciamento de personagens é de cerca de 45% em ambos os países. Assim, enquanto nos E.U.A. e Canadá o licenciamento de marcas assume um peso muito superior ao licenciamento de personagens, no Reino Unido e Alemanha ainda se verifica o inverso. É, contudo, provável que a Europa acompanhe a tendência e a curto prazo a situação se inverta (aliás as estatísticas indicam o crescimento do licenciamento baseado em marcas).

2. Contudo, não devemos medir a importância desta actividade apenas pelo volume de vendas gerado, constituindo o licenciamento um instrumento de *marketing* de assumida importância para licenciadores e licenciados. A actividade de licenciamento pode constituir para a empresa licenciadora uma forma de extensão de marca com custo reduzido; e para a licenciada pode ser uma fonte secundária de transferência de conhecimento entre a propriedade licenciada (e.g., marca ou personagem) e sua marca. A associação da marca do licenciado a uma entidade (pessoa, coisa, evento, causa, marca ou outra) resulta num processo de transferência de conhecimento no qual teoricamente qualquer aspecto relacionado com a entidade pode ser transferido para a marca: notoriedade, atributos, benefícios, imagens, pensamentos, sentimentos, atitudes e experiências (dimensões do conhecimento). As associações resultantes da transferência de conhecimento influenciam o conhecimento do consumidor acerca da marca da empresa licenciada, criando novas associações do consumidor à marca ou reforçando associações já existentes. Por este motivo, quando a licenciada recorre a outras marcas ou personagens (licenças), deve ter em atenção ao conhecimento e atitudes do consumidor face a estas licenças e ao que destas possa ser transferido para a sua própria marca.

Pressupondo que as associações entre a marca da empresa licenciada e a entidade contratada são congruentes, o licenciamento proporciona um conjunto de vantagens à empresa licenciada, designadamente: aumento da notoriedade da empresa licenciada e suas marcas; posicionamento das marcas da empresa licenciada; reforço da imagem das marcas da empresa licenciada; entrada em novos mercados/

/segmentos de mercado; entrada em novos canais de distribuição; melhorar a aceitação da marca da empresa licenciada pelos canais de distribuição; reforço da participação dos canais de distribuição na divulgação dos produtos e iniciativas da marca; aumento do envolvimento emocional do cliente com a marca; diferenciação da oferta face à concorrência; preenchimento de nichos de mercado; melhorar a resposta do cliente à publicidade e acções promocionais da marca; possibilidade de praticar um preço *pemium*; lançamento de novas linhas e categorias de produto; e aumento da rendibilidade, vendas e quota de mercado (variáveis de efeito final).

Apesar de se verificar uma perda de controlo por parte do licenciado, que não consegue garantir que apenas são transferidas as dimensões do conhecimento desejáveis, as empresas inquiridas objecto do nosso estudo destacam como razões mais importantes para o recurso ao licenciamento, além das variáveis de efeito final, a diferenciação da oferta conseguida face à concorrência, o lançamento de novos produtos e a melhor aceitação das marcas, produtos e iniciativas da marca pelos canais de distribuição.

Também há uma perda de domínio para o licenciador, que deve minimizar os seus riscos através do exercício de um estreito controlo na actividade desempenhada pelo licenciado, para poder prever os efeitos negativos que podem advir da associação da sua propriedade a novos produtos que serão desenvolvidos por outra empresa e consequente diluição do capital da sua marca. Daí que o licenciamento deva estar enquadrado na estratégia de gestão da marca destas empresas.

3. Tendo por base uma revisão de literatura e algumas entrevistas não estruturadas efectuadas junto de empresas licenciadas (fabricantes) a operar em distintos mercados, desenvolvemos um questionário visando o estudo das motivações, implementação e avaliação da actividade de licenciamento em Portugal, na perspectiva de um conjunto de empresas licenciadas. O questionário foi aplicado junto de 26 empresas a operar no mercado Português, das quais oito (30,8%) operam nas categorias de "vídeo e música" e dezoito (69,2%) operam em "restantes categorias" (designadamente jogos e brinquedos – 26,9%; papelaria e produtos de papel – 15,4% e livros e revistas – 11,5%).

Pelo facto da oferta das empresas licenciadas a operar no mercado de "vídeo e música" quase se confundir com a oferta de produtos licenciados, a análise de dados foi, em larga medida, feita separadamente para evitar o enviesamento de resultados, tendo-se de facto constatado que:

a) O tipo de licenças contratadas pelas empresas de "vídeo e música" são sobretudo música (75%), obras cinematográficas (25%) e marcas de empresas, produtos e serviços (25%); as "restantes empresas" contratam maioritariamente personagens de televisão (83,3%), personagens de banda desenhada (50%) e personagens de filmes de cinema (44,4%), verificando-se que apenas 16,7% contratam marcas. É interessante constatar que o comportamento das empresas portuguesas inquiridas não difere do que se verifica para o Reino Unido e Alemanha, onde o licenciamento de marcas tem um peso muito inferior ao licenciamento de personagens, apesar da tendência de crescimento das primeiras. Também o licenciamento de desporto assume um peso considerável para as empresas objecto do nosso estudo, comparável ao licenciamento de marcas (ambos com 19,2%).

b) Existem grandes diferenças entre as duas sub-amostras no que se refere ao número de licenças contratadas anualmente, tendo as empresas de "vídeo e música" contratado em 2003 uma média de 312 licenças, número bastante superior às cerca de 4 licenças contratadas nesse ano pelas "restantes categorias."

c) Em 2003 o peso da venda de produtos licenciados no volume global de negócios da totalidade das empresas inquiridas a actuar no mercado de "vídeo e música" foi superior a 70%, o que revela a centralidade da actividade de licenciamento para estas empresas. O mesmo não se verifica para as "restantes categorias". Por este motivo se compreende que 62,5% das empresas de "vídeo e música" tenham um departamento para tratar exclusivamente do licenciamento, enquanto nas "restantes categorias" 72,2% das inquiridas não têm departamento de licenciamento.

d) As empresas a operar nas "restantes categorias" contratam sobretudo personagens, sejam clássicos de banda desenhada de médio e longo prazo, ou personagens de curto prazo com origem em progra-

Sumário, conclusões, contributos e limitações 143

mas de televisão ou filmes de cinema. Este facto levanta a questão da duração da licença como constrangimento ao licenciamento, tratando--se de um critério muito importante tido em conta na selecção de determinada propriedade. As licenças de curto prazo aumentam o risco da actividade de licenciamento tendo em conta que a distribuição coloca cada vez mais entraves à entrada de produtos baseados neste tipo de licenças.

A duração da licença está muito relacionada com os custos de I&D, as quantidades mínimas exigidas para fabricação de um novo produto e a dimensão do mercado Português. Estes custos de I&D dependem em grande parte das características do produto, por exemplo o custo de desenvolvimento de um CD ou DVD é substancialmente inferior ao de um jogo ou brinquedo, de uma peça de vestuário ou de um relógio. Por este motivo o custo de I& D é apontado pelas empresas de "vídeo e música" como um critério pouco importante na selecção de uma licença e portanto uma dificuldade ao licenciamento que não se coloca, assumindo em oposição uma importância fundamental para as empresas a actuar nas "restantes categorias" que são obrigadas a fabricar e vender uma quantidade mínima que lhes permita assumir determinados custos. Se aliarmos a estes factos a reduzida dimensão do mercado português e as limitações de volume de vendas daí resultantes, facilmente compreendemos os riscos que o licenciamento coloca a muitas das empresas inquiridas.

Na tentativa de minimizar os custos de I&D, as empresas licencia-das recorrem frequentemente à subcontratação da fabricação noutros países onde os custos são muito inferiores (por exemplo a China). Ape-sar de permitir uma redução de custos, esta questão da subcontratação fora do país coloca outras dificuldades ao licenciamento, como o ele-vado tempo de colocação de produto no mercado e a morosidade com que as empresas fazem face a rupturas de *stock*.

Também com o objectivo de minimizar os riscos e os custos do licenciamento, se assiste frequentemente a estratégias de licencia-mento desenvolvidas a nível ibérico e, por vezes, mesmo Europeu, seja por parte de empresas licenciadas que procuram assim aproveitar economias de escala, seja a nível dos próprios licenciadores que procuram a obtenção de maiores receitas de vendas nas quais o mercado Português tem um peso pouco significativo. Assiste-se por este motivo a uma associação cada vez maior entre empresas Portuguesas e multinacionais para concorrerem no mercado internacional de licenciamento.

e) Também o grau de aceitação pelo retalho/distribuição é um critério considerado determinante na selecção de determinada licença, tal como a colocação do produto licenciado no retalho é uma das principais dificuldades ao licenciamento apontadas pelas empresas inquiridas. Neste contexto, e da análise dos dados obtidos referentes ao impacto para a actividade de licenciamento das empresas de um conjunto de aspectos relacionados com a distribuição, destaca-se com elevada importância o desenvolvimento de marcas próprias pelos retalhistas (que tem um impacto mais negativo para as empresas a actuar nas "restantes categorias"). Um número cada vez maior de retalhistas comercializam produtos com as suas próprias marcas, obrigando as empresas licenciadas a garantir que as licenças por si contratadas constituem uma forma de diferenciação face a estes produtos com elevado valor apercebido pelo consumidor que está, por isso, disposto a pagar um preço mais elevado pelo facto do produto por estar associado a determinada marca ou personagem (licenciada).

As empresas inquiridas consideram ainda que a distribuição em Portugal está cada vez mais concentrada nas mãos de um pequeno número de retalhistas, o que diminui o poder negocial das suas equipas de vendas junto da distribuição. Estes constrangimentos têm impacto negativo na actividade de licenciamento das empresas, que devem procurar o apoio dos licenciadores na tentativa de envolver a distribuição nas estratégias de licenciamento. Para que isso seja possível as equipas de vendas têm de compreender a importância do licenciamento e argumentar junto da distribuição.

Estas empresas reconhecem ainda o excesso de oferta de produtos licenciados no retalho, o que as obriga a serem cada vez mais criteriosas na selecção das propriedades a licenciar e na dimensão da sua oferta; a facilidade de entrada de produtos baseados em licenças internacionais no nosso mercado aumenta a concorrência e a quantidade oferecida.

Um argumento importante junto da distribuição é o esforço de comunicação efectuado pelas empresas no suporte a determinado programa de licenciamento, apesar do estudo concluir que as empresas inquiridas em geral investem o mesmo na comunicação de produtos licenciados que na comunicação de produtos não licenciados.

f) Para terminar as principais conclusões que decorrem da análise de dados, vamos debruçar-nos sobre os principais factores que motivam as empresas inquiridas a recorrer ao licenciamento e avaliar a satisfação das empresas com o desenvolvimento de programas de licenciamento. Já foi referido anteriormente que são diversos os factores motivadores referidos na literatura, destacando as empresas inquiridas como mais relevantes o aumento de vendas, quota de mercado e rendibilidade (variáveis de efeito final para a generalidade das empresas), diferenciação da oferta face à concorrência, melhorar a aceitação da marca pelos canais de distribuição, lançamento de novas linha de produto e reforço da percepção do cliente quanto à qualidade do produto. O estudo revela que as inquiridas estão em geral satisfeitas com os resultados que decorrem do seu envolvimento em programas de licenciamento, face às motivações destacadas.

A análise correlacional entre as variáveis de efeito final – rendibilidade, vendas e quota de mercado – e um conjunto de factores potencialmente influenciadores considerados na análise da satisfação efectuada no nosso estudo, permitiu-nos constatar a existência de uma correlação muito forte entre o factor reforço da percepção do cliente à qualidade do produto e as variáveis de efeito final. Esta forte correlação foi confirmada com recurso a uma análise da relação existente entre estes mesmos factores e um índice criado, resultante da média destas variáveis de efeito final. As conclusões foram idênticas (destaca-se o factor reforço da percepção do cliente à qualidade do produto apesar de existir uma correlação forte entre o índice proposto e outros factores).

A regressão *stepwise* veio acrescentar que a variável "reforço da percepção do cliente quanto à qualidade do produto" explica 68,3% do modelo analisado, em que apresentamos como variáveis independentes *(predictors)* os factores potencialmente influenciadores referidos. Ou seja, as empresas inquiridas que estão satisfeitas com o aumento das suas vendas, da quota de mercado e da rendibilidade provenientes do desenvolvimento de programas de licenciamentos, consideram ter havido um "reforço da percepção dos clientes à qualidade dos seus produtos" pelo recurso feito ao licenciamento.

4. Apesar de entendermos que as conclusões apresentadas são úteis para todos os que se interessam pela temática do licenciamento, convém salientar as limitações deste estudo. A natureza da amostra, não representativa e não probabilística, bem como a sua dimensão (apenas 26 empresas), impedem que sejam feitas generalizações para o universo. Por outras palavras, todas as conclusões apresentadas poderão ser válidas para a amostra das 26 empresas, mas não para o universo das empresas licenciadas a operar em Portugal. O mesmo motivo condicionou as técnicas estatísticas utilizadas na análise de dados.

Apesar da maioria dos inquiridos desempenharem funções na empresa que dão garantias de que conhecem os diversos tópicos abordados, o facto de a resposta ao questionário ter sido dada apenas por uma pessoa de cada empresa inquirida é outra limitação potencial.

ANEXOS

ANEXO A – *QUESTIONÁRIO*

Projecto de Investigação – ISEG
Licenciamento em Portugal:
Perspectiva dos Licenciados

1. A sua empresa já efectuou pelo menos uma vez um programa de licenciamento?
   - Sim   [ ]1
   - Não   [ ]2   Se a sua resposta é "não", por favor termine aqui.

Parte I – Caracterização Geral da Actividade de Licenciamento da Empresa

2. Em que categoria(s) de produto(s) licenciado(s) opera a empresa?
   - Jogos e brinquedos   [ ]1
   - Livros e revistas (*publishing*) [ ]2
   - Comidas e bebidas   [ ]3
   - Acessórios   [ ]4
   - Papelaria e produtos de papel   [ ]5
   - Material escolar   [ ]6
   - Cuidados de saúde e beleza   [ ]7
   - Têxtil   [ ]8
   - Música e vídeo   [ ]9
   - Outras   [ ]10 → Quais?_____

3. Que tipo de licenças são contratadas pela sua empresa?
   - Marcas de empresas, produtos e serviços   [ ]1
   - Personagens de televisão   [ ]2
   - Personagens de filmes de cinema   [ ]3
   - Personagens de banda desenhada   [ ]4
   - Moda   [ ]5
   - Desporto   [ ]6
   - Música   [ ]7
   - Arte e *design*   [ ]8
   - Personalidades (pessoas reais)   [ ]9
   - Outras (eventos, …)   [ ]10 → Quais?_____

4. Quantas licenças, aproximadamente, contratou a sua empresa nos últimos 2 anos?

   2003 [   ]
   2002 [   ]

5. Qual o peso da venda de produtos licenciados no volume global de negócios da empresa em 2003? (Assinale apenas UMA opção):
   - 0% - 9%   [ ]1
   - 10% - 19%   [ ]2
   - 20% - 29%   [ ]3
   - 30% - 39%   [ ]4
   - 40% - 49%   [ ]5
   - 50% - 59%   [ ]6
   - 60% - 69%   [ ]7
   - 70% - 79%   [ ]8
   - 80% - 89%   [ ]9
   - 90% - 100%   [ ]10
   - Não sabe   [ ]11

150   *Licenciamento de marcas e personagens*

6. Existe algum departamento na sua empresa que se ocupe exclusivamente de questões relacionadas com o licenciamento?
   - Sim   [   ]1
   - Não   [   ]2

Parte II – Critérios de Selecção de Programas de Licenciamento

7. Qual o grau de importância para a sua empresa de cada um dos seguintes critérios na selecção de uma licença ?

1-Nada Importante 2-Pouco Importante 3-Importante 4-Bastante Importante 5-Muito Importante

		NADA Importante	Importante	MUITO Importante		
(1)	Valor atribuído à licença.	1	2	3	4	5
(2)	Preço a pagar pela licença.	1	2	3	4	5
(3)	Duração da licença em termos de curto ou médio e longo prazo.	1	2	3	4	5
(4)	Grau de aceitação pelo retalho/distribuição.	1	2	3	4	5
(5)	Custos de investigação e desenvolvimento de produto.	1	2	3	4	5
(6)	Quantidades mínimas exigidas para fabricação, face à dimensão do mercado.	1	2	3	4	5
(7)	Orçamento (*budget*) para investimento em licenciamento.	1	2	3	4	5

Parte III – Motivação da Sua Empresa para se Envolver em Programas de Licenciamento

8. Qual o grau de importância para a sua empresa/marca de cada uma das seguintes razões para o licenciamento ?

Nota: *Notoriedade:* grau de conhecimento da marca; *Imagem:* associações da marca na mente do cliente

1-Nada Importante 2-Pouco Importante 3-Importante 4-Bastante Importante 5-Muito Importante

		NADA Importante	Importante	MUITO Importante		
(1)	Preço baixo do licenciamento quando comparado com o custo de desenvolver uma marca (ou personagem) nova.	1	2	3	4	5
(2)	Aumento da *notoriedade* da empresa licenciada.	1	2	3	4	5
(3)	Aumento da *notoriedade* das marcas da empresa licenciada.	1	2	3	4	5
(4)	Entrada em novos mercados / segmentos de mercado.	1	2	3	4	5
(5)	Lançamento de novas linhas de produto.	1	2	3	4	5
(6)	Lançamento de novas categorias de produto.	1	2	3	4	5
(7)	Entrada em novos canais de distribuição.	1	2	3	4	5
(8)	Reforço da imagem das marcas da própria empresa licenciada.	1	2	3	4	5
(9)	Posicionamento das marcas da própria empresa licenciada.	1	2	3	4	5
(10)	Diferenciação da oferta da empresa face à concorrência.	1	2	3	4	5
(11)	Preenchimento de nichos de mercado.	1	2	3	4	5
(12)	Possibilidade de praticar um preço elevado (*premium*), ao tornar o cliente menos sensível ao preço.	1	2	3	4	5
(13)	Reforçar a percepção do cliente quanto à qualidade do produto.	1	2	3	4	5
(14)	Aumentar o envolvimento emocional do cliente com a marca.	1	2	3	4	5
(15)	Melhorar a resposta do cliente à publicidade e a outras acções promocionais da marca.	1	2	3	4	5
(16)	Melhorar a aceitação da marca pelos canais de distribuição.	1	2	3	4	5
(17)	Reforço da participação dos canais de distribuição na divulgação dos produtos e iniciativas da marca.	1	2	3	4	5
(18)	Aumento das vendas.	1	2	3	4	5
(19)	Aumento da rendibilidade.	1	2	3	4	5
(20)	Aumento da quota de mercado.	1	2	3	4	5

Anexo A – Questionário   151

Parte IV – Implementação de Programas de Licenciamento

9. Qual o tempo médio necessário para o desenvolvimento de um programa de licenciamento— desde a contratação da propriedade até ao início das vendas?

> _____ Meses

10. Quais os principais locais de venda de produtos licenciados pela sua empresa?
    - Retalho tradicional   [ ]1
    - Supermercados   [ ]2
    - Grandes superfícies   [ ]3
    - Grossistas   [ ]4
    - Outros   [ ]5 → Quais?_____

11. Globalmente, que impacto têm os seguintes aspectos relacionados com distribuição na actividade de licenciamento da sua empresa?

> **1**-Forte Impacto *Negativo* **2**- Impacto Negativo **3**-*Irrelevante*/Neutro **4**- Impacto Positivo **5**-Forte Impacto *Positivo*
>
> (assinale "3-Irrelevante/Neutro" se o aspecto mencionado não tiver impacto *ou* se não se verificar de todo na sua situação)

		Forte Impacto NEGATIVO		Irrelevante	Forte Impacto POSITIVO	
(1)	Distribuição demasiado concentrada nas mãos de um pequeno número de empresas.	1	2	3	4	5
(2)	Equipas de vendas têm fraco poder negocial junto à distribuição.	1	2	3	4	5
(3)	Distribuição aposta cada vez mais em marcas próprias para concorrer com produtos licenciados.	1	2	3	4	5
(4)	A distribuição argumenta existir excesso de oferta de produtos licenciados.	1	2	3	4	5
(5)	Há pouca preocupação por parte da sua empresa de envolvimento da distribuição nas estratégias de licenciamento.	1	2	3	4	5
(6)	Critério de decisão de compra da distribuição unicamente centrado nas próprias margens.	1	2	3	4	5
(7)	Distribuição dá preferência a licenças internacionais (face a nacionais).	1	2	3	4	5
(8)	Distribuição coloca entraves à entrada de produtos baseados em licenças de curto prazo (ex., personagens e marcas de televisão).	1	2	3	4	5
(9)	A distribuição valoriza produtos licenciados que se diferenciem positivamente das alternativas existentes no mercado, pela qualidade e/ou inovação.	1	2	3	4	5

12. Quais os principais tipos de comunicação da empresa para os produtos licenciados?
    - Televisão   [ ]1
    - Rádio   [ ]2
    - *Outdoor*   [ ]3
    - Imprensa   [ ]4
    - Cinema   [ ]5
    - Promoções   [ ]6
    - Salões e Feiras   [ ]7
    - Não efectua comunicação   [ ]8
    - Outros   [ ]9 → Quais?_____

13. Globalmente, qual o montante de investimento da sua empresa em comunicação de produtos licenciados, comparado com outros produtos não licenciados?
    - Investimento nulo (tal como para restantes produtos)   [ ]1
    - Investimento inferior ao dos restantes produtos   [ ]2
    - Investimento semelhante ao dos restantes produtos   [ ]3
    - Investimento superior ao dos restantes produtos   [ ]4

152 · Licenciamento de marcas e personagens

13. Globalmente, qual o montante de investimento da sua empresa em comunicação de produtos licenciados, comparado com outros produtos não licenciados?
- Investimento nulo (tal como para restantes produtos) [ ]1
- Investimento inferior ao dos restantes produtos [ ]2
- Investimento semelhante ao dos restantes produtos [ ]3
- Investimento superior ao dos restantes produtos [ ]4

14. Qual o grau de importância para a sua empresa das seguintes dificuldades à actividade de licenciamento?

		NADA Importante	Importante		MUITO Importante
(1)	Antecipar as preferências do cliente.	1	2	3	4	5
(2)	Fazer face rapidamente a rupturas de stocks.	1	2	3	4	5
(3)	Tempo até à colocação do produto no mercado.	1	2	3	4	5
(4)	Montante a pagar de royalties de licenciamentos.	1	2	3	4	5
(5)	Custos de investigação e desenvolvimento.	1	2	3	4	5
(6)	Colocação do produto na distribuição/retalho.	1	2	3	4	5
(7)	Quantidades mínimas exigidas para fabricação.	1	2	3	4	5
(8)	Dimensão do mercado.	1	2	3	4	5
(9)	Criatividade na concepção do produto.	1	2	3	4	5
(10)	Capacidade de resposta de fornecedores.	1	2	3	4	5
(11)	Equipa de vendas da sua empresa.	1	2	3	4	5
(12)	Comunicação com o cliente.	1	2	3	4	5

Parte V – Avaliação da Implementação de Programas de Licenciamento na Sua Empresa

15. Como avalia os programas de licenciamento da sua empresa em termos de cada uma das seguintes razões para o licenciamento?

Nota: Notoriedade: grau de conhecimento da marca; Imagem: associações da marca na mente do cliente

1-Muito Insatifeito 2-Insatisfeito 3-Neuto 4-Satisfeito 5-Muito Insatisfeito

		Muito INSATIFEITO		Neutro		Muito SATISFEITO
(1)	Preço baixo do licenciamento quando comparado com o custo de desenvolver uma marca (ou personagem) nova.	1	2	3	4	5
(2)	Aumento da notoriedade da empresa licenciada.	1	2	3	4	5
(3)	Aumento da notoriedade das marcas da empresa licenciada.	1	2	3	4	5
(4)	Entrada em novos mercados / segmentos de mercado.	1	2	3	4	5
(5)	Lançamento de novas linhas de produto.	1	2	3	4	5
(6)	Lançamento de novas categorias de produto.	1	2	3	4	5
(7)	Entrada em novos canais de distribuição.	1	2	3	4	5
(8)	Reforço da imagem das marcas da própria empresa licenciada.	1	2	3	4	5
(9)	Posicionamento das marcas da própria empresa licenciada.	1	2	3	4	5
(10)	Diferenciação da oferta da empresa face à concorrência.	1	2	3	4	5
(11)	Preenchimento de nichos de mercado.	1	2	3	4	5
(12)	Possibilidade de praticar um preço elevado (premium), ao tornar o cliente menos sensível ao preço.	1	2	3	4	5
(13)	Reforçar a percepção do cliente quanto à qualidade do produto.	1	2	3	4	5
(14)	Aumentar o envolvimento emocional do cliente com a marca.	1	2	3	4	5
(15)	Melhorar a resposta do cliente à publicidade e a outras acções promocionais da marca.	1	2	3	4	5
(16)	Melhorar a aceitação da marca pelos canais de distribuição.	1	2	3	4	5
(17)	Reforço da participação dos canais de distribuição na divulgação dos produtos e iniciativas da marca.	1	2	3	4	5

Anexo A – Questionário

		1	2	3	4	5
(18)	Aumento das vendas.	1	2	3	4	5
(19)	Aumento da rendibilidade.	1	2	3	4	5
(20)	Aumento da quota de mercado.	1	2	3	4	5

16. Como avalia globalmente a importância de actividades de licenciamento no negócio da sua empresa?

			1	2	3	4	5	
(1)	No presente.	Nada Importantes	1	2	3	4	5	Muito Importante
(2)	No futuro.	Nada Importantes	1	2	3	4	5	Muito Importante

Parte VI – Dados Demográficos e Informação Complementar

(A) Dados e informação complementar da empresa

17. Nome da empresa:_____

18. Actividade (s) a que a empresa se dedica:
   - Fabricação própria   [ ]$_1$
   - Fabricação subcontratada   [ ]$_2$
   - Distribuição   [ ]$_3$
   - Venda (através de lojas próprias) [ ]$_4$
   - Outra   [ ]$_5$ → Qual?_____

19. Volume de vendas da empresa em 2003 (Assinale apenas UMA opção):
   - 0 - 5 milhões €   [ ]$_1$
   - 6 - 10 milhões €   [ ]$_2$
   - 11 - 15 milhões €   [ ]$_3$
   - 16 - 20 milhões €   [ ]$_4$
   - 21 - 25 milhões €   [ ]$_5$
   - Superior a 25 milhões € [ ]$_6$
   - Não sabe   [ ]$_7$

(B) Dados e informação complementar do inquirido

20. Sexo:
   - Masculino   [ ]$_1$
   - Feminino   [ ]$_2$

21. Que idade tem?
   - 24 anos ou menos [ ]$_1$
   - 25-34   [ ]$_2$
   - 35-44   [ ]$_3$
   - 45-54   [ ]$_4$
   - 55 anos ou mais   [ ]$_5$

22. Indique o nível de ensino mais elevado que concluiu?

Pré-escolar [ ]$_1$ Básico-2º ciclo [ ]$_3$ Secundário [ ]$_5$ Bacharelato [ ]$_7$ Mestrado [ ]$_9$

Básico-1º ciclo [ ]$_2$ Básico-3º ciclo [ ]$_4$ Médio [ ]$_6$ Licenciatura [ ]$_8$ Doutoramento [ ]$_{10}$

23. Qual a sua função na empresa:
   - Gestor de produto   [ ]$_1$
   - Gestor de marca   [ ]$_2$
   - Director(a) Comercial/*Marketing* [ ]$_3$
   - Gerente   [ ]$_4$
   - Outra   [ ]$_5$ → Qual?_____

POR FAVOR, VERIFIQUE SE RESPONDEU A TODAS AS QUESTÕES.
MUITO OBRIGADO PELA SUA PARTICIPAÇÃO.

Se considerar que há informação importante sobre a actividade de licenciamento da sua empresa que não foi abordada no questionário, ou se pretender explicar alguma das suas respostas, agradecemos que utilize o espaço que se segue.

BIBLIOGRAFIA

AAKER, David A. e KELLER, Kevin L. (1990), Consumer Evaluation of Brand Extensions, *Journal of Marketing*, 54 (Janeiro), 27-41.

ALVES, Caetano e BANDEIRA, Silvia (2001), *Dicionário de Marketing*, Porto: Edições IPAM.

ASH, Francesca Ed. (1993), *The Beginner's Guide to Licensing*, Inglaterra: A4 Publications Ltd.

BARBIERI, Kelly (2003), Licensed Characters Quality Drive Plush, *Amusement Business,* 115 (Março), 3-29.

BASHFORD, Susan (2003a), Top Licensing Campaigns, *Promotions and Incentives,* (Março), 39-40.

BASHFORD, Susan (2003b), Making the Most of Licensing Links, *Promotions and Incentives*, (Junho), 15-16.

BENNETT, Peter Ed. (2003), *Dicionary of Marketing Terms*, Chicago: American Marketing Association

BROCHSTEIN, Martin Ed. (2004), Retail Scene, Economy Are Drag On Licensing; Retro and Sports Gain, Entertainment Drops, *The Licensing Letter*, 28 (Janeiro), 1-4

CARVALHO, Maria (2003), *Merchandising de Marcas (A Comercialização do Valor Sugestivo das Marcas),* Coimbra: Almedina.

CHITHAM-MOSLEY, Conan, HARRIS, Gordon, MURPHY, Philip e ROTH-BIESTER, Derek (1993), Intellectual Property, in *The Beginner's Guide to Licensing*, Ash, Francesca, Ed. Inglaterra: A4 Publications Ltd, 28-32.

Código do Direito de Autor e dos Direitos Conexos, *Lei nº 45/85 de 17 de Setembro.*

Código de Propriedade Industrial, *Decreto Lei 36/2003 de 5 de Março*, Instituto Nacional da Propriedade Industrial.

DIONISIO, Pedro, LENDREVIE, Jacques, LINDON, Denis e RODRIGUES, Joaquim Eds. (1992), *Mercator: Teoria e Prática do Marketing*, Lisboa: Publicações Dom Quixote.

GOMES, Elsa (2005), in Empresas Nacionais Não Usam Marcas Conhecidas Para Promover Produtos, Araújo, Marta, *Marketing & Marcas*, (Junho).

GONÇALVES, Luis (1999a), *Direito de Marcas*, Coimbra:Almedina.

GONÇALVES, Luis (1999b), *Função Distintiva da Marca*, Coimbra: Almedina.

JONHNSON, Michael D. (1984), Consumer Choice Strategies for Comparing Noncomparable Alternatives, *Journal of Consumer Research*, 11 (Dezembro), 741-753.

KELLER, Kevin (1998), *Strategic Brand Management: Building, Measuring and Managing Brand Equity*, Nova Jersey: Prentice-Hall.

KELLER, Kevin (2003), Brand Synthesis: The Multidimensionality of Brand Knowledge, *Journal of Consumer Research*, 29 (Março), 595-600.

KRINNER, Andy Ed. (2001), *The Licensing Book*, 19 (Junho).

LABROSSE, Régine (1993), Brand Licensing, in *The Beginner's Guide to Licensing*, Francesca, Ash, Ed. Inglaterra: A4 Publications Ltd, 74-76.

LEE, Jung (1995), Role of Attitude Toward Brand Advertising on Consumer Perception of Brand Extension, *Advances in Consumer Research*, 22, 116-122.

MARQUES, Rui O. (2002), Licensing, *Briefing*, (Novembro), 20-26.

MASSON, Jean e WELLHOFF, A. (1985), *Merchandising: Che Cos´é e Come Lo Si Pratica,* Milão: Franco Angeli.

MILLER, Rachel (2001), How Licensing Can Invigorate Brands, *Marketing*, (Março), 29-30.

MILLER, Rachel (2003), Unlock the Equity within Your Brand, *Marketing*, (Abril), 21-22.

OCDE (2002), *Modelo de Convenção Fiscal sobre o Rendimento do Património*, Lisboa: Centro de Estudos Fiscais da Direcção Geral dos Impostos.

PARK, C. Wan, McCARTHY, Michael e MILBERG, Sandra (1993), The Effects of Direct and Associative Brand Extensions Strategies on Consumer Response to Brand Extensions, *Advances in Consumer Research*, 20, 28-33.

PERRIER, Raymond (1998), Brand Licensing, in *Brands: The New Wealth Creators,* Hart, Susannah e Murphy, John, Eds. Nova Iorque: University Press, 104-113.

RASQUILHA, Luis (2005), in Profissão Gestor de Marketing e Comunicação- - Merchandising e Licenciamento, Vaz, Daniel, *Jornal de Negócios,* (Abril), 18-19.

RAUGUST, Karen (1995), *The Licensing Business Handbook*, Nova Iorque: EPM Communications Inc..

RAUGUST, Karen (1996), *Merchandise Licensing in the Television Industry,* Newton: Butteworth-Heinemann.

RAUGUST, Karen (2001), Licensing Watch: Europe, *Publishers Weekly,* (Março), 32-33.

REVOYR, Jack (1995), *A Primer on Licensing*, Stamford: Kent Press.

RIOTTO, Charles (2001), No Shortage of Creativity in The Licensing Biz, *The Licensing Book*, 19 (Junho), 166-167.

ROMEO, Jean (1991), The Effect of Negative Information on the Evaluations of Brand Extensions and the Family Brand, *Advances in Consumer Research*, 18, 399-406.

SCHEINER, Matthew (2001), The Current State of the Licensing Industry, *The Licensing Book*, 19 (Junho), 46-54.

SHOCKER, Allan D. (1995), Positive and Negative Effects of Brand Extensions and Co-Branding, *Advances in Consumer Research*, 22, 432-434.

WHITE, Edward P. (1990), *Licensing: A Strategy for Profits*, Chapel Hill: KEW Licensing Press.

THE BEANSTALK GROUP, (online), pesquisado a 8 de Fevereiro de 2004 de http://www.beanstalk.com

THE BEANSTALK GROUP, (online), pesquisado a 2 de Setembro de 2005 de http://www.beanstalk.com

DISNEY ONLINE, (online), pesquisado a 29 de Agosto de 2005 de http://disney.store.go.com

HASBRO ONLINE, (online), pesquisado a 29 de Agosto de 2005 de www.hasbroiberia.com

SPORT LISBOA E BENFICA – Site Oficial, (online), pesquisado a 29 de Agosto de 2005 de www.slbenfica.pt

LISTA DE QUADROS

Quadro 2.1 – *Royalties* de licenciamento, por categoria de produto licenciado 44

Quadro 3.1 – Benefícios potenciais do licenciamento para o licenciador 49

Quadro 3.2 – Papel do licenciador na gestão do licenciamento 50

Quadro 3.3 – Papel do licenciado no sucesso do licenciamento 53

Quadro 4.1 – Venda de produtos licenciados no retalho nos E.U.A. e Canadá, por tipo de propriedade em 2002-2004 56

Quadro 4.2 – Vendas de produtos licenciados no retalho, no mundo, por área geográfica em 2002-2003 59

Quadro 4.3 – Estimativa de receita de licenciamento (*total royalty income*) no Reino Unido e Alemanha, por tipo de propriedade em 2002 60

Quadro 7.1 – Perfil das empresas inquiridas 87

Quadro 7.2 – Perfil demográfico e sócio – profissional dos inquiridos 89

Quadro 7.3 – Valor médio de licenças contratadas em 2002 e 2003 – "vídeo e música" (N = 8) e "restantes categorias" (N = 18)............ 93

Quadro 7.4 – Peso da venda de produtos licenciados no volume global de negócios da empresa em 2003 – "vídeo e música" (N = 8) *versus* "outras categorias" (N = 18) 95

Quadro 7.5 – Existência de departamento exclusivamente para licenciamento 96

Quadro 7.6 – Avaliação da importância atribuída a diferentes critérios na selecção de uma licença – "vídeo e música" (N = 8) e "restantes categorias" (N = 18)... 97

Quadro 7.7 – Motivação para o licenciamento: análise do grau de importância dos factores motivadores – "vídeo e música" (N = 8) e "restantes categorias" (N = 18) 103

QUADRO 7.8 –	Tempo médio necessário à implementação de um programa de licenciamento, em meses	108
QUADRO 7.9 –	Locais de venda de produtos licenciados	110
QUADRO 7.10 –	Índice de impacto global dos aspectos relacionados com a distribuição na actividade de licenciamento das empresas	112
QUADRO 7.11 –	Avaliação do impacto de constrangimentos potenciais colocados pela distribuição à actividade de licenciamento da empresa licenciada – "vídeo e música" (N = 8)	114
QUADRO 7.12 –	Avaliação do impacto de constrangimentos potenciais colocados pela distribuição à actividade de licenciamento da empresa licenciada – "restantes categorias" (N = 18)	115
QUADRO 7.13 –	Índice de importância global de um conjunto de dificuldades sentidas pelas empresas licenciadas	121
QUADRO 7.14 –	Análise das áreas de potencial dificuldade da actividade de licenciamento: "vídeo e música" (N = 8)	122
QUADRO 7.15 –	Análise das áreas de potencial dificuldade da actividade de licenciamento: "restantes categorias" (N = 18)	124
QUADRO 7.16 –	Aumento da rendibilidade, vendas e quota de mercado resultantes de programas de licenciamento: análise correlacional com factores potencialmente influenciadores (N = 26)	131
QUADRO 7.17 –	Correlação entre o índice de efeito final I_1 (rendibilidade, vendas e quota de mercado) e factores potencialmente influenciadores (N = 26)	134
QUADRO 7.18 –	Regressão *stepwise* para o índice de efeito final I_1 (rendibilidade, vendas e quota de mercado) (N = 26)	135

LISTA DE FIGURAS

FIGURA 3.1 – Licenciamento no contexto da gestão integrada da marca....... 51

FIGURA 4.1 – Evolução das vendas de produtos licenciados no retalho dos E.U.A. e Canadá: 1993-2003... 56

FIGURA 4.2 – Peso dos diferentes tipos de propriedade nas vendas de produtos licenciados no retalho dos E.U.A. e Canadá em 2003 57

FIGURA 4.3 – Peso das diferentes categorias de produto na venda de produtos licenciados no retalho nos E.U.A. e Canadá em 2003 58

FIGURA 5.1 – Fontes secundárias de conhecimento da marca...................... 64

FIGURA 5.2 – Matriz de crescimento de Ansoff 68

FIGURA 7.1 – Categorias de produtos licenciados das empresas inquiridas (N = 26) 90

FIGURA 7.2 – Tipos de licenças contratadas pelas empresas inquiridas (N = 26) 91

FIGURA 7.3 – Tipos de licenças contratadas na categoria de "vídeo e música" (N = 8) 92

FIGURA 7.4 – Tipos de licenças contratadas nas "restantes categorias" (N = 18) 92

FIGURA 7.5 – Peso da venda de produtos licenciados no volume global de negócios da empresa em 2003 – "vídeo e música" (N = 8) *versus* "outras categorias" (N = 18)..................................... 94

FIGURA 7.6 – Importância média dos critérios de selecção de uma licença: comparação entre "vídeo e música" (N = 8) e "restantes categorias" (N = 18) 98

FIGURA 7.7 – Análise de frequências para o grau de importância atribuído a diferentes critérios de selecção de uma licença na categoria "música e vídeo" (N = 8)... 100

162 *Licenciamento de marcas e personagens*

FIGURA 7.8 – Análise de frequências para o grau de importância atribuída a diferentes critérios de selecção de uma licença nas "restantes categorias" (N = 18) 101

FIGURA 7.9 – Motivação para o licenciamento: análise de frequências do grau de importância de cada factor motivador no mercado de "música e vídeo" (N = 8).. 105

FIGURA 7.10 – Motivação para o licenciamento: análise de frequências do grau de importância de cada factor motivador nas "restantes categorias" (N = 18) 106

FIGURA 7.11 – Tempo médio necessário para o desenvolvimento de um programa de licenciamento na categoria de "vídeo e música" (N = 8) 109

FIGURA 7.12 – Tempo médio necessário para o desenvolvimento de um programa de licenciamento nas "restantes categorias" (N = 18)..... 109

FIGURA 7.13 – Impacto da distribuição na actividade de licenciamento da empresa licenciada: avaliação pelas empresas a operar no mercado de "vídeo e música" (N = 8) *versus* "restantes categorias" (N = 18).. 116

FIGURA 7.14 – Análise de frequências do impacto de constrangimentos colocados pela distribuição na actividade de licenciamento das empresas licenciadas a operar no mercado do "vídeo e música" (N = 8) 117

FIGURA 7.15 – Análise de frequências do impacto de constrangimentos colocados pela distribuição na actividade de licenciamento das empresas licenciadas a operar nas "restantes categorias" (N = 18) 118

FIGURA 7.16 – Tipos de comunicação utilizada para produtos licenciados: "vídeo e música" (N = 8) *versus* "restantes categorias" (N = 18) 119

FIGURA 7.17 – Comparação do investimento em comunicação de produtos licenciados face a restantes produtos disponibilizados: análise comparativa "vídeo e música" (N = 8) *versus* "restantes categorias" (N = 18) 120

FIGURA 7.18 – Áreas de dificuldade da actividade de licenciamento para as empresas no mercado do "vídeo e música" (N = 8) 123

FIGURA 7.19 – Áreas de dificuldade da actividade de licenciamento para as empresas a actuar nos "restantes mercados" (N = 18)............ 124

FIGURA 7.20 – Importância das dificuldades colocadas à actividade de licenciamento: análise comparativa do mercado de "vídeo e música" (N = 8) *versus* "restantes categorias" (N = 18)......... 126

FIGURA 7.21 – Grau de satisfação das empresas de "vídeo e música" com programas de licenciamento implementados (N = 8) 128

Lista de figuras 163

FIGURA 7.22 – Grau de satisfação das empresas das "restantes categorias" com programas de licenciamento implementados (N = 18) 129

FIGURA 7.23 – Aumento da rendibilidade: factores influenciadores com relação correlacional forte (N = 26) 132

FIGURA 7.24 – Aumento das vendas: factores influenciadores com relação correlacional forte (N = 26) 133

FIGURA 7.25 – Aumento da quota de mercado: factores influenciadores com relação correlacional forte (N = 26) 133

FIGURA 7.26 – Importância do licenciamento no negócio das empresas, no presente e no futuro – "vídeo e música" (N = 8) e "restantes categorias" (N = 18) 137

ÍNDICE

PREFÁCIO 5

NOTA DO AUTOR 7

LISTA DE ABREVIATURAS 9

AGRADECIMENTOS 11

INTRODUÇÃO 13

1. EVOLUÇÃO HISTÓRICA DO LICENCIAMENTO 17

2. LICENCIAMENTO: CONCEITOS BÁSICOS, CARACTERÍSTICAS DO
NEGÓCIO E ASPECTOS LEGAIS 23
  2.1. Conceitos Básicos 23
    2.1.1. Definição e Caracterização de Licenciamento 23
    2.1.2. Conceito de Merchandising 26
    2.1.3. Conceito de Licenciamento Interno 27
  2.2. Características do Negócio 28
    2.2.1. Participantes no Negócio 29
    2.2.2. Tipos de Licenciamento 30
      2.2.2.1. Licenciamento de Personagens de Entretenimento
            (Televisão e Cinema) 30
      2.2.2.2. Licenciamento de Personalidades 32
      2.2.2.3. Licenciamento de Marcas 33
  2.3. Aspectos Legais, Contrato de Licenciamento e Formas de Remuneração 35
    2.3.1. Algumas Generalidades sobre Aspectos Legais do Licenciamento 35
    2.3.2. Contrato de Licenciamento e Formas de Remuneração 40
      2.3.2.1. Obrigações do Licenciador 42

Licenciamento de marcas e personagens

2.3.2.2. Obrigações do Licenciado	42
2.3.2.3. Remuneração do Licenciamento	42

3. LICENCIAMENTO COMO INSTRUMENTO DE MARKETING	47
3.1. Perspectiva do Licenciador	47
3.2. Perspectiva do Licenciado	51

4. INFORMAÇÃO ESTATÍSTICA DO LICENCIAMENTO NO MUNDO E NOS PRINCIPAIS MERCADOS	55

5. LICENCIAMENTO, FONTES SECUNDÁRIAS DE CONHECIMENTO DE MARCA E EXTENSÕES DE MARCA	63
5.1. Fontes Secundárias de Conhecimento da Marca	63
5.2. O Licenciamento no Processo de Transferência de Conhecimento	66
5.3. Extensões de Marca	68
5.4. Licenciamento como Opção Estratégica de Extensão de Marca	71

6. METODOLOGIA E RECOLHA DE DADOS	75
6.1. Estudo Exploratório Preliminar	75
6.2. Questionário Estruturado	76
6.2.1. Desenvolvimento do Questionário	76
6.2.2. Mensuração: Descrição das Escalas Utilizadas no Estudo	76
6.2.2.1. Caracterização Geral da Actividade de Licenciamento da Empresa	77
6.2.2.2. Critérios de Selecção de Programas de Licenciamento	78
6.2.2.3. Motivação da Empresa Inquirida para se Envolver em Programas de Licenciamento	79
6.2.2.4. Implementação de Programas de Licenciamento	80
6.2.2.5. Avaliação da Implementação de Programas de Licenciamento	82
6.2.3. Pré-Teste do Questionário	82
6.3. Amostragem	83
6.4. Recolha de Dados	83

7. ANÁLISE DE DADOS	85
7.1. Considerações Preliminares	85
7.2. Perfil das Empresas Inquiridas	86
7.2.1. Actividades das Empresas Inquiridas e Volume de Vendas em 2003	87
7.2.2. Perfil Demográfico e Sócio – Profissional do Inquirido	88
7.3. Caracterização Geral da Actividade de Licenciamento	90
7.3.1. Categorias de Produtos Licenciados	90

Índice 167

7.3.2. Tipo de Licenças Contratadas.. 91

7.3.3. Número de Licenças Contratadas.. 93

7.3.4. Peso da Venda de Produtos Licenciados................................... 94

7.4. Critérios de Selecção de Programas de Licenciamento......................... 96

    7.4.1. Grau de Importância de Diferentes Critérios na Selecção de uma Licença... 96

    7.4.2. Critérios na Selecção de uma Licença: Análise de Frequências.... 99

7.5. Motivação para o Envolvimento em Programas de Licenciamento...... 101

    7.5.1. Motivação para o Licenciamento: Grau de Importância das Razões para o Licenciamento... 101

    7.5.2. Motivação para o Licenciamento: Análise de Frequências das Razões para o Licenciamento... 104

7.6. Implementação de Programas de Licenciamento.................................. 107

    7.6.1. Tempo Médio para o Desenvolvimento de Programas de Licenciamento... 108

    7.6.2. Locais de Venda de Produtos Licenciados................................ 110

    7.6.3. Impacto da Distribuição na Actividade de Licenciamento........ 111

        7.6.3.1. Impacto da Distribuição... 111

        7.6.3.2. Análise de Frequências do Impacto de Constrangimentos Colocados pela Distribuição à Actividade de Licenciamento das Empresas Licenciadas.................. 117

    7.6.4. Comunicação dos Produtos Licenciados................................... 118

        7.6.4.1. Tipos de Comunicação para os Produtos Licenciados... 118

        7.6.4.2. Investimento em Comunicação dos Produtos Licenciados.. 119

    7.6.5. Áreas de Dificuldade da Actividade de Licenciamento............. 121

7.7. Avaliação da Implementação de Programas de Licenciamento........... 127

    7.7.1. Avaliação dos Programas de Licenciamento............................. 127

    7.7.2. Análise Correlacional entre Variáveis de Efeito Final – Rendibilidade, Vendas e Quota de Mercado – e Factores Potencialmente Influenciadores. Regressão *Stepwise*............................... 130

    7.7.3. Avaliação da Importância do Licenciamento no Negócio das Empresas, no Presente e no Futuro 136

SUMÁRIO, CONCLUSÕES, CONTRIBUTOS E LIMITAÇÕES.................. 139

ANEXOS 147

Anexo A: Questionário.. 149

BIBLIOGRAFIA 155

LISTA DE QUADROS 159

LISTA DE FIGURAS... 161

Lei da Arbitragem Voluntária